X
TRÉSOR DE L'ENFANCE
Cours d'Enseignement élémentaire
Par H. HURÉ et ...

LE PREMIER

LIVRE D'OR

PREMIÈRES LECTURES COURANTES

ET

PRÉPARATION AUX CONNAISSANCES INDUSTRIELLES

PAR H. HURÉ

TROISIÈME ÉDITION

Revue et augmentée, avec de nombreuses figures dans le texte

« Laissez venir à moi les petits enfants »

PARIS
LIBRAIRIE DE L'ENFANCE ET DE L'ADOLESCENCE
J. BRÂHE et Cie Éditeurs
RUE DE LA HARPE, PRÈS LA PLACE SAINT-MICHEL

LE
PREMIER LIVRE D'OR.

PARIS.— NOIZETTE, JEANRASSE ET Cie, IMPRIMEURS,
159, Faubourg Saint-Antoine.

LE TRÉSOR DE L'ENFANCE
Nouveau Cours d'Enseignement élémentaire
Par H. HURÉ et J. BRARE.

LE PREMIER

LIVRE D'OR

PREMIÈRES LECTURES COURANTES

ET

PRÉPARATION AUX CONNAISSANCES INDUSTRIELLES

PAR

H. HURÉ.

DEUXIÈME ÉDITION, REVUE, AUGMENTÉE ET ENRICHIE D'UN GRAND NOMBRE DE GRAVURES

« Laissez venir à moi les petits enfants. »

PARIS.
LIBRAIRIE DE L'ENFANCE ET DE L'ADOLESCENCE
J. BRARE et Cie Éditeurs
7, RUE DE LA HARPE, 7,
PRÈS LA PLACE ST-MICHEL.

Charles et Marie ont fini de déjeuner.

MARIE. — Maintenant travaillons, mon frère. Si maman nous voit tous deux à l'ouvrage, elle sera bien contente.

CHARLES. — Oui, Marie, c'est cela, au travail !

LA MAMAN. — Ce n'est pas cela, au contraire; rangez vos livres, et préparez-vous à sortir avec moi.

CHARLES, MARIE. — Quel bonheur ! Oh ! merci, chère maman !

LA MAMAN. — Ne me dites pas merci. Vous avez été bons enfants, et je veux vous récompenser. Pour un mois de sagesse et d'application, je vous dois bien quelques plaisirs. Et d'abord venez que je vous embrasse !

CHARLES, MARIE. — Oh ! tout de suite, maman !

LA MAMAN. — Le temps est superbe. Habillez-vous et partons.

Cette maman si bonne resta seule; et alors une larme mouilla ses yeux, quand elle les eut portés sur un grand portrait d'officier qu'on voyait à droite, et de là sur un beau crucifix d'ivoire suspendu à gauche.

Puis elle dit dans son cœur : « Cher ami qui n'es plus, souris encore à ces petits ! Et vous, mon Dieu, qui m'avez donné ces enfants, vous m'avez appris à ne les élever que pour votre gloire, pour leur pays et pour leur bonheur. Aidez-moi à accomplir cette tâche difficile. Comme vous accordez aux plantes, pour les faire fructifier, votre pluie et votre soleil, donnez à mes larmes et à mon amour la force de faire des gens de bien de mes chers enfants ! »

Ainsi cette mère ne songeait qu'à bien élever et à bien instruire Charles et Marie. Et même il avait été décidé que dorénavant, durant les promenades, aucune de leurs questions ne resterait sans réponse. Quelle joie ! on aime tant à cet âge à demander *pourquoi cela ?* Quel ravissement surtout pour nos deux amis, instruits dès les premières années à se rendre compte de ce qu'ils voyaient !

« Les ignorants, disait cette sage maman, ressemblent aux animaux, qui mangent, qui marchent et qui vivent, sans savoir ce qu'ils mangent, pourquoi ils marchent et qui les fait vivre. »

PREMIÈRE PARTIE.

QUAND IL FAIT BEAU.

1re PROMENADE. — LE PONT D'AUSTERLITZ.

§ I. — CANAUX ET ÉCLUSES.

On fut si joyeux au départ, qu'on ne parla guère que de sa joie. Mais quand on fut dans le voisinage du pont d'Austerlitz, les questions redoublèrent.

La Seine était couverte de bateaux de toutes sortes, et sur le côté s'ouvrait l'entrée du canal de l'Ourcq.

MARIE. — Maman, comment se forment les rivières ?

LA MAMAN. — Par les sources, mon enfant. Mais déjà j'aperçois vos yeux malins et questionneurs se tourner vers moi ; il faut que je vous donne de plus amples détails, n'est-ce pas ? Eh bien ! reportons-nous pour cela à ces jours brumeux ou pluvieux qui vous rendent si tristes, et, empêchant vos courses dans le jardin, vous condamnent à rester enfermés dans la maison. Quand l'eau tombe en petite quantité, elle humecte seulement la terre qui la reçoit, mais quand elle tombe avec abondance ou avec force, elle filtre à travers les terrains jusqu'à ce qu'elle rencontre soit un rocher, soit une surface résistante et imperméable, sur laquelle elle glisse et qui finit par la ramener presque toujours à la surface ; alors elle coule d'abord en ruisseau, serpentant, à demi-cachée par les herbes, à travers les prés qu'elle fertilise; puis, au fur et à mesure que d'autres ruisseaux viennent se reunir à elle, élargissant son lit, elle devient un cours d'eau, qui, sans cesse grossi sur son parcours, forme à son tour une rivière.

CHARLES. — Alors, la Seine est une rivière ?

LA MAMAN. — Non, mon enfant, c'est un fleuve, et voici en quoi ils diffèrent l'un de l'autre. La rivière, à la fin de son cours, se jette dans un fleuve, tandis que le fleuve se jette dans la mer.

MARIE. — Maman, pourquoi les rivières

coulent-elles entre les gazons, la terre, les arbres, et pourquoi le canal a-t-il un lit de pierres ?

CHARLES. — Ah ! ah ! la belle affaire ! C'est que c'est le bon Dieu qui a fait les rivières ; et c'est l'homme qui creuse et construit les canaux... Mais, au fait, maman, pourquoi creuse-t-on des canaux ?

LA MAMAN. — Quelquefois, c'est pour abréger la navigation, quand le cours d'eau fait un détour considérable ; tantôt, c'est pour faire communiquer deux fleuves, tantôt pour faire communiquer deux mers. Ainsi, pour transporter des marchandises du Havre à Marseille par eau, ne trouveras-tu pas, mon jeune géographe, le chemin plus court, si par une rivière artificielle tu vas directement de la Seine au Rhône, que s'il te faut faire le grand tour en longeant les côtes de France et d'Espagne, en franchissant le détroit de Gibraltar et en remontant la Méditerranée ? Cette rivière artificielle est un canal.

CHARLES. — Mais, maman, que sont ces énormes portes qui semblent barrer le passage aux bateaux ?

LA MAMAN. — C'est une écluse... On donne ce nom à une sorte de canal resserré et d'une petite étendue qui amasse les eaux, soit pour les maintenir à un niveau plus élevé et faire mouvoir des machines, soit pour endormir le courant et pour permettre aux bateaux de naviguer aussi aisément en un sens qu'en l'autre.

CHARLES. — Alors, chaque fois qu'un bateau doit passer, il faut ouvrir les grosses portes. Cela doit être bien long.

LA MAMAN. — Ce serait encore plus long et quelquefois impossible de remonter contre le courant... Mais, Marie, tu ne nous écoutes pas. A quoi songes-tu ?

§ II. — LES PONTS

MARIE. — Je me demande comment on a pu faire pour mettre dans l'eau les piles qui soutiennent les ponts. Sais-tu cela, toi, Charles, qui es si savant ?

LA MAMAN. — Voyons, Charles, réponds à ta sœur.

CHARLES. — Réponds plutôt, maman ; car je t'avoue tout franc que je n'en sais rien.

LA MAMAN. — Apprenez donc, mes enfants, qu'un pont se compose de trois parties : les culées, les piles, le plancher. On nomme *culées* le travail en maçonnerie qui attache le pont à chacune des rives. Ce n'est pas le plus difficile à faire, mais cela demande beaucoup de solidité. Et c'est pour obtenir cette solidité que l'on fait de la rive elle-même une sorte de rempart en pierres ou *quai*, dans lequel s'attache chaque culée.

CHARLES, MARIE. — Oui, mais les *piles* ?

LA MAMAN. — Eh bien, mes petits curieux, il y a deux manières de construire les piles : ou l'on met à sec la place où la pile doit être posée, ou, ce qui est plus simple et moins coûteux, on l'apporte toute faite.

MARIE. — Ah ! par exemple !

CHARLES. — Comment cela, maman ?

LA MAMAN. — La première manière a lieu par *épuisement* : autour de la place qu'occupera la pile, on établit une digue imperméable. Alors on vide cette place jusqu'à ce que l'eau soit toute épuisée, et l'on construit à sec comme sur terre.

CHARLES, MARIE. — Et la seconde manière, maman ?

LA MAMAN. — C'est la construction par *caissons*. Au-dessus de la place que doit occuper la pile, on descend une grande caisse flottante et bien fermée. C'est dans l'intérieur de la caisse que l'on bâtit le pilier, et l'on continue le travail en laissant enfoncer le caisson jusqu'à ce qu'il s'arrête au fond du fleuve. Alors on n'a plus qu'à briser le caisson, et à élever la construction jusqu'à la hauteur voulue.

Il s'agit seulement alors de placer le *plancher*. Quand toutes les piles sont en place, on les rejoint par des arches en pierre, quelque fois en fonte, que l'on garnit de pavés ou simplement de planches.

MARIE. — Mais, si je voulais passer d'un

rocher à un autre, je ne pourrais pas faire un pont.

LA MAMAN. — Pourquoi pas ? Un pont peut joindre deux éminences, qu'il y ait ou qu'il n'y ait pas d'eau dans l'intervalle. Et même il y a souvent entre les deux un si profond précipice que l'établissement de piliers serait impossible. Que fait-on alors ? D'un bord à l'autre on jette un plancher suspendu à d'énormes chaînes qu'on a solidement reliées au roc. C'est un pont suspendu ; et l'on en fait quelquefois sur les rivières.

Mais il se fait tard ; rentrons dîner, mes enfants.

2e PROMENADE. — LE MARCHÉ

§ I. — A PROPOS D'UNE CÔTELETTE

Dès le lendemain matin, Charles et Marie se remirent si ardemment au travail, que le surlendemain, avant le déjeuner, la maman consentit à les emmener avec elle au marché. Et ils avaient à peine fait dans la rue quelques pas, que Marie partit d'un grand éclat de rire.

CHARLES. — Eh bien, quoi ? qu'as-tu donc à rire ainsi ?

MARIE. — Tu ne vois pas ?

CHARLES. — Tiens !... BOUCHERIE DE CHEVAL. Je ne croyais pas, je n'avais jamais entendu dire qu'on mangeât du cheval.

MARIE. — Mais non, sans doute, on ne mange pas de cheval.

LA MAMAN. — Effectivement, mes enfants, la viande de cheval ne semblait pas faite pour la nourriture des hommes ; d'abord parce que tant que le cheval est jeune et bien portant, il est trop utile pour qu'on le mange; ensuite, lorsque le travail et l'âge l'ont affaibli, sa chair est devenue trop dure, trop coriace. Cependant il y a tant de pauvres parmi nos semblables, mes enfants ! Et quand les années sont difficiles, lorsque le prix du pain s'élève, quand la viande se vend trop cher par suite de l'insuffisance des récoltes, il faut bien que les malheureux trouvent le moyen de ne pas mourir de faim. C'est dans un moment pareil, que l'on a pensé à utiliser pour nourrir les pauvres gens, la viande des chevaux qui, jeunes encore, sont frappés d'un accident qui les rend impropres au travail. Ceci t'explique, ma chère Marie, cette enseigne qui a excité ton rire.

MARIE. — Il n'y a pas de quoi rire alors ; et c'est bien triste à penser qu'il y ait de pauvres gens réduits à de si dures extrémités.

LA MAMAN. — Il y a bien d'autres animaux, que nous ne mangeons pas ; le chien, le chat, etc.

Ils servent à d'autres usages, et je n'ai pas besoin de te dire que les souris, les rats...

CHARLES. — Ah ! maman, mon oncle le capitaine m'a dit qu'en Algérie on lui avait fait cuire un rat qu'il avait trouvé excellent.

LA MAMAN. — On trouve tout excellent, quand on a faim. Je ne serais pas surprise qu'il eût aussi mangé, à l'occasion, du cheval. J'ai lu que des voyageurs ont été réduits à la chair du serpent, de l'éléphant même.

CHARLES. — C'est égal, il fallait qu'ils eussent une grande faim, ceux-là.

MARIE. — Et l'âne, en mange-t-on aussi, maman ?

LA MAMAN. — Non, mon enfant, l'âne n'est qu'un animal de travail et de fatigue.

Moins gracieux dans ses formes et dans son allure que le cheval, il portera ou tirera des poids bien plus lourds ; relativement à sa taille, c'est le plus fort de tous les animaux. Sobre par excellence, il coûte fort peu à nourrir, aussi l'a t'on surnommé *le cheval du pauvre :* cependant, quand on le nourrit de grains, il devient plus beau et ne ressemble plus guère alors à ces ânes rabougris et chétifs que vous prenez quelquefois à Montmorency pour vous promener.

GEORGES. — Pourquoi donc sont-ils si entêtés ? Tu te souviens, n'est-ce pas, que l'année dernière celui que je montais voulait toujours retourner à son écurie, et a fini par se coucher par terre.

LA MAMAN. — Cela tient, mon enfant, à ce qu'il est maltraité et reçoit souvent plus de coups que de nourriture.

MARIE. — Mais, maman, j'ai vu un âne au jardin des Plantes qui était bien plus beau que ceux que nous voyons ordinairement ; à quoi cela tient-il donc, est-ce par ce qu'il ne travaille pas ?

LA MAMAN. — L'animal dont tu veux parler est l'*Onagre* qui est un âne sauvage.

Ses oreilles sont bien moins longues et l'ensemble de son corps plus gracieux. Il habite surtout l'Asie qu'il parcourt en troupes nombreuses les hommes lui font une chasse très active pour avoir sa peau dont on fait le chagrin, très recherché pour la reliure, et pour se nourrir de sa chair qui est très estimée dans ce pays. Vous avez vu aussi au Jardin des Plantes un animal pui ressemble beaucoup à l'âne et dont le poil blanc est couvert de raies noires.

GEORGES. — Ah ! oui, le Zèbre.

LA MAMAN. — C'est cela, le Zèbre : c'est un animal qui vit en Afrique à l'état sauvage et que jusqu'ici on n'a pu apprivoiser que très difficilement. Les habitants du pays mangent également sa chair.

MARIE. — Mais de quels animaux mange-t-on le plus ordinairement.

LA MAMAN. — Il y en a de trois sortes : les quadrupèdes, les oiseaux et les poissons. Parmi les quadrupèdes et parmi les oiseaux, il y en a qu'on tue à la chasse : c'est le *gibier*. Mais les espèces que le bon Dieu a plus particulièrement destinées à notre usage, c'est le bœuf, le mouton et le porc.

MARIE. — Mais, maman, on mange aussi du veau !

LA MAMAN. — Sans doute, et de la vache aussi, qui est sa mère. Mais le petit de la vache ne se mange pas toujours, il en est qu'on laisse grossir. Ce sont des taureaux, ou ce sont des bœufs qui servent aux rudes travaux de la campagne jusqu'au jour où on les conduit à l'abattoir pour devenir ensuite notre nourriture.

CHARLES. — Comme on doit avoir de la peine à tuer un bœuf ! Je parie que dix hommes...

LA MAMAN. — Deux suffisent, mon enfant. L'un attache la bête par les cornes à un anneau fixé en terre ; l'autre lui assène un coup de massue sur le front, et elle tombe étourdie. Puis le boucher l'achève avec son couteau ; enfin on l'écorche, et sa viande est distribuée dans les boucheries.

Mais remarquez comme les dons de Dieu sont infinis et comme le travail peut tirer parti de tout ! Avec la peau du bœuf, on fait du cuir ; avec ses poils, de la bourre ; avec ses cornes et ses sabots, de la colle-forte, des manches de couteau, etc. Le suif n'est autre chose que de la graisse de bœuf, et je ne vous apprends pas que c'est la vache qui procure le lait dont vous êtes si friands.

CHARLES. — Mais le porc, quel vilain animal !

LA MAMAN. — Il est fort utile aussi, mon enfant, et je puis t'assurer qu'on a soin de n'en rien perdre. Les épaules, les cuisses font des jambons et des jambonneaux. La chair recouverte de graisse épaisse se garde au moyen du sel : c'est du lard ; le sang et les boyaux donnent le boudin, les intestins des andouilles ; les soies mêmes servent aux cordonniers... Mais nous voici arrivés à la boucherie.

MARIE. — Et la côtelette, qu'est-ce que c'est maman ?

LA MAMAN. — Tout simplement, ma fille, une des côtes d'un mouton.

MARIE. — Et le mouton ?

LA MAMAN. — Écoute, questionneuse. La mère brebis met bas un petit agneau, qui grandit, qui grandit et devient un mouton.

On en mange la chair ; on fait du cuir de sa peau ; sa graisse est un suif délicat. Mais le grand trésor du mouton, c'est sa laine. Aussi, pour que sa riche toison soit bien touffue, le laisse-t-on longtemps aux soins du berger. On l'a bien tondu avant de l'abandonner au boucher. Car le boucher ne sait que l'égorger, le dépecer, faire de ses cuisses des gigots, de ses côtes des côtelettes, etc.

Entrons maintenant faire notre marché.

§ II. — LA CARPE QUI CHANTE

L'on se dirigea ensuite vers le marché aux poissons. La maman regarda à droite, regarda à gauche. Enfin elle s'arrêta à une carpe magnifique et la marchanda.

Mais tout à coup Marie sauta et poussa un cri.

MARIE. — Oh ! maman ! la carpe a chanté !

Et la maman, et Charles, et la marchande de rire aux éclats.

MARIE. — Si elle n'a pas chanté, certainement elle a crié.

LA MAMAN. — Ne sais-tu donc pas qu'on dit *muet comme une carpe !* Mais je vais t'expliquer ton erreur... Madame, voici l'argent.

LA MARCHANDE. — Voici la carpe... Au revoir, madame... Une carpe qui chante ! hi ! hi ! hi !

LA MAMAN. — Sachez d'abord, mes enfants, que l'homme plongé dans l'eau y meurt, parce qu'il a trop d'eau et pas assez d'air ; eh bien, au contraire, le poisson, hors de la rivière, ne peut vivre, parce qu'il manque d'eau et parce qu'il a trop d'air.

CHARLES. — Trop ? Est-ce qu'il y a de l'air dans l'eau, par exemple ?

LA MAMAN. — Sans doute, petit moqueur, l'eau contient de l'air. Le bon Dieu a donné au poisson deux sortes de poumons qu'on appelle *branchies*, et c'est par les branchies qu'il respire l'air contenu dans l'eau. Ce sont ces deux plaques de la tête que la carpe soulevait tout à l'heure en étouffant. Elle avait trop d'air d'abord ; et puis ses branchies enduites d'une espèce de colle se séchaient à l'air et la pâmaient. Et c'est le frémissement de ces plaques que ma petite folle aura pris pour un roucoulement.

MARIE. — Voilà maman qui rit de moi, je le vois bien... Mais, maman, comment font les poissons pour nager ?

LA MAMAN. — La forme de leur corps les y aide beaucoup. De plus, ils sont munis de nageoires, comme les oiseaux le sont d'ailes.

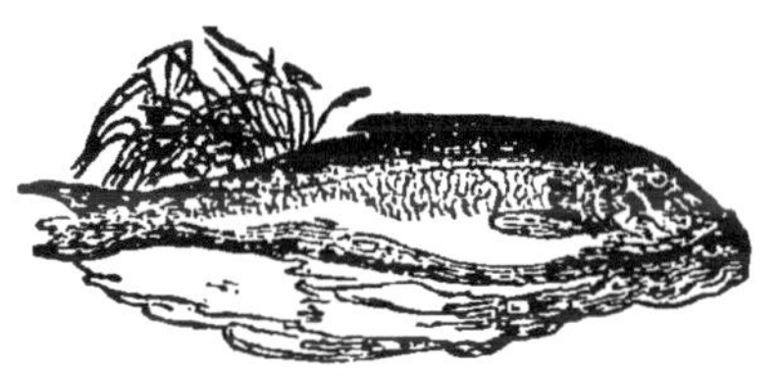

Et enfin ils portent au-dedans du corps une vessie qu'ils gonflent ou qu'ils resserrent, suivant qu'ils veulent s'élever dans l'eau ou descendre au fond. Les poissons habitent par millions la mer et les fleuves.

CHARLES. — Est-ce vrai qu'ils sont sourds ?

LA MAMAN. — Pas précisément ; mais leurs sens sont en général peu délicats. Marie sait maintenant quils ne parlent pas, quils ne chantent même point.

MARIE. — Oh ! maman !

CHARLES. — Et les huîtres, sont-elles aussi des poissons ?

LA MAMAN. — Pas précisément, mon ami. La mer contient une foule danimaux fort bizarres, outre les huîtres : les homards, qui ressemblent à de grosses écrevisses ; les moules attachées aux rochers comme une mousse et qu'on en détache pour les manger ; les crabes, qui marchent de travers comme un chat en colère, et tant d'autres.

MARIE. — Quel gros poisson que la baleine !

LA MAMAN. — Ce n'est pas un poisson, Marie. Tu sais bien, les petits buscs de ton corset ? eh bien, ils proviennent des branchies de ce gros animal qu'on appelle la baleine. On va par flottes nombreuses en faire la pêche, comme on le fait aussi pour la morue, dont on prend chaque année près de quarante millions.

CHARLES. — Et dont on fait une huile bien mauvaise, par parenthèse.

LA MAMAN. — Mais aussi fort précieuse pour la santé. On pêche encore en mer, pour s'en nourrir, le thon, le saumon, le hareng, le maquereau, l'alose, l'anchois, le merlan, la sardine, les soles, les raies, et bien d'autres...

MARIE. — Et les poissons de rivière ?

CHARLES. — Comme si tu ne les connaissais pas ! les carpes, les anguilles, les goujons, les... les...

LA MAMAN. — Et les barbeaux, et les brochets, et les truites, les tanches, les perches, les ablettes, et tant d'autres...

MARIE. — On prend tout cela au filet ou à la ligne ; mais la baleine ?

LA MAMAN. — La baleine ? on la prend à la ligne.

CHARLES, MARIE. — Oh ! maman, est-ce que c'est possible ?

LA MAMAN. — C'est vrai, mes enfants. Oh ! ce n'est pas un petit hameçon au bout d'un crin. C'est une lance à trois fers qu'on appelle *harpon*, retenue par une forte corde. Et c'est un marin habile et robuste qui en frappe cette bête monstrueuse.

Rentrons, Catherine fera frire la carpe, qui, si elle a chanté, ne chantera plus guère.

3e PROMENADE. — LA CAMPAGNE

§ I. — LA CHARRUE

Avec l'attrait de si intéressantes promenades, nos petits amis se remirent avec plus d'ardeur que jamais au travail ; si bien qu'il fallut encore les récompenser. Et voilà qu'un matin, une voiture vide s'arrêta à la porte, et les enfants en furent tout surpris.

LA MAMAN. — Comment, c'est la voiture ! et vous n'êtes pas prêts ! Allez donc vous habiller.

CHARLES, MARIE. — Mais, maman...?

LA MAMAN. — Allons, vite ! que les chevaux ne partent pas sans vous.

La toilette ne dura guère... Dix ou douze minutes après, la voiture emportait la bonne mère et ses joyeux enfants en pleine et riante campagne.

C'était le commencement d'août, et la journée était splendide et chaude. Au sortir de la ville on aperçut de belles moissons de couleur d'or, de gais moissonneurs abattant les blés mûrs. La voiture s'arrêta devant une maison rustique : une charrue gisait un peu poudreuse auprès de l'entrée.

CHARLES. — N'est-ce pas une charrue que je vois là, maman ?

LA MAMAN. — Elle est là, mon ami, parce que ce n'est certainement pas en ce moment qu'on laboure.

MARIE. — Mais, mon Dieu ! à quoi cela peut-il servir de labourer, chère maman ?

LA MAMAN. — Cela sert, ma fille, à bien remuer la terre et à la rendre par là plus féconde ; cela sert aussi à l'ouvrir pour y verser la semence, qui ne se développerait pas sans cela. Dans les petits jardins, on ouvre la terre avec une bêche ; dans les champs de moyenne étendue, avec une houe, sorte de bêche en forme de pioche. Mais vous comprenez bien, mes enfants, que tous les hommes d'un village, armés de bêches, ne suffiraient pas à préparer le champ ; tandis qu'une charrue et deux bons chevaux menés par un adroit laboureur font une large besogne en un jour ou deux.

CHARLES. — J'ai lu que c'étaient des bœufs qui traînaient autrefois la charrue.

LA MAMAN. — C'est vrai, et cela a lieu encore en certains pays.

CHARLES. — Ainsi, les anciens peuples connaissaient la charrue ?

LA MAMAN. — Certainement ; et, à part quelques perfectionnements, nous ne l'avons pas considérablement changée. La charrue se compose toujours d'un grand et lourd couteau de fer, appelé *soc,* d'où partent deux bâtons relevés comme les bras d'une brouette. Par-devant, marchent les chevaux ou les bœufs qui tirent le soc en enfonçant la pointe aiguë dans le sol ; et derrière, marche le laboureur, en appuyant sur les bras pour que le soc morde la terre plus profondément.

MARIE. — Je comprends ; et dès que la terre est labourée, on y jette la semence ?

LA MAMAN. — Oh ! non ; car elle périrait parmi les grosses mottes, dures et luisantes. Il faut, après la charrue, faire passer la herse sur la terre. Qu'est-ce que c'est que la herse, maintenant, n'est-ce pas ? Eh bien, pour être mieux comprise, je te dirai que c'est un râteau grand comme une fenêtre et traîné par des chevaux.

MARIE. — Et tout de suite après, maman, on sème n'est-ce pas ?

LA MAMAN. — Après, oui ; mais tout de suite, non. Il faut choisir pour cette opération un temps parfaitement calme, ce qui n'est pas si commun en automne. Le jour venu, le semeur remplit son tablier de graines.

CHARLES. — La graine, maman, c'est le grain qui remplit l'épi ?

LA MAMAN. — Sans doute. Le semeur donc prend de la main droite des poignées de graines dont il arrose les sillons.

MARIE. — Et si les oiseaux venaient les manger ?...

LA MAMAN. — Je suis contente de cette question-là. Mais, sois tranquille, on y a pourvu. On enfonce la graine en terre au moyen d'un gros rouleau, ou bien en laissant piétiner sur le champ un troupeau de moutons. Et la graine passe ainsi l'hiver et une partie du printemps. Alors, si la graine n'a pas eu trop à souffrir des gelées ou des pluies, le champ se couvre d'un beau blé, haut et vert d'abord, mais jaunissant de jour en jour jusqu'en août.

C'est alors, comme vous le voyez bien, que commence la moisson ; et, pour vous en rendre compte, vous n'avez qu'à regarder ces moissonneurs qui coupent le blé avec leurs brillantes faucilles, ces autres qui l'assemblent en gerbes...

MARIE. — Dis-moi maintenant, je t'en prie, maman, comment on fait pour séparer le grain de l'épi. Figure-toi qu'étant petite, j'avais la sottise de croire que la farine, c'était de la paille hachée menu.

CHARLES. — Et mademoiselle s'en nourrissait, comme les chevaux se nourrissent de foin.

LA MAMAN. — Mais tu sais bien maintenant que nous n'utilisons pour nous que le grain ; tout le reste est la paille. Il y a deux manières de séparer le grain de l'épi : la première et la plus ancienne consiste à étaler les gerbes sur une surface plane et très dure appelée aire et à frapper les épis avec des fouets en bois qu'on a surnommés *fléaux*. On n'a plus qu'à recueillir le grain après ce battage. La seconde manière, la seule employée aujourd'hui dans les grandes exploitations agricoles est de passer les tiges de blé dans une machine appelée machine à battre, qui sépare, et très vite, le blé de l'épi, et qui est mise en mouvement soit par des chevaux soit par la vapeur.

MARIE. — Et la paille ?

LA MAMAN. — La paille se trouve séparée, mais il en reste cependant toujours un peu; et, pour en débarrasser tout à fait le blé, on fait sauter en l'air les grains quand il fait du vent ; le vent emporte avec lui les fétus de paille, et les grains seuls restent sur le *van* : c'est le nom de l'instrument dont on se sert pour cela.

CHARLES. — Ainsi, tout ce qui pousse en épis, c'est du blé ?

LA MAMAN. — Ne va pas croire cela, au moins. Outre le froment dont je vous ai parlé, il y a, en fait de graines que l'on sème ainsi, le seigle, dont on fait du pain ; l'orge, qui sert à faire de la bière ; l'avoine, nourriture des chevaux, le riz, le maïs, le sarrasin, etc.

Mais arrêtons-nous près de ce champ ; examinez bien ces longues et larges feuilles vertes ; tenez, j'arrache la plante de terre.

GEORGES. — On dirait un gros navet.

LA MAMAN. — Ce gros navet, pour me servir de ton expression, forme actuellement une des productions les plus considérables de la grande culture. C'est avec cette plante que se fabrique la majeure partie du sucre qui se consomme en France. Autrefois, seules les îles de l'Amérique, Saint-Domingue, la Martinique, etc., fournissaient de sucre le continent européen, et on le tirait de la canne à sucre, variété de roseaux, dont la tige, formant tube, renferme un liquide siroteux. Mais, pendant les guerres de l'Empire, les Anglais, maîtres des mers, interrompirent nos relations avec les colonies, et le sucre parvint à un prix exorbitant ; on chercha d'autres plantes capables de le produire. Un chimiste allemand songea à la betterave ; ses procédés furent perfectionnés par l'illustre Chaptal et d'autres savants français. L'application en grand se fit avec un tel succès que l'agriculture ne tarda pas à cultiver la betterave dont le sucre peut aujourd'hui rivaliser sous tous les rapports avec le sucre de canne.

L'Agriculture, au reste, mes enfants, a réalisé maintenant d'immenses progrès.

C'est ainsi que, pour nourrir les bestiaux, on ne se contente plus comme autrefois des pâturages que donnent les prairies et qu'on a songé à faire des prairies artificielles. Le cultivateur, au lieu de laisser son champ inculte pour permettre à la terre de se reposer, l'engraisse à foison par du fumier et y sème à tour de rôle différents produits. Les prairies artificielles sont presque toujours plantées de luzerne, plante si vivace qu'elle donne trois coupes par an, et une dernière souvent productive encore que l'on nomme regain.

§ II. — LA VOLAILLE

LA MAMAN. — Venez, mes enfants ; il est l'heure du goûter, et la bonne fermière a préparé pour chacun de nous une tasse de lait.

MARIE.— Viens donc, Charles, viens donc. Est-ce que tu n'en voudrais pas ?

Charles trouva toute réponse inutile ; il se contenta d'entrer à la ferme, et de faire honneur au goûter. Les poules s'en vinrent autour de nos amis becqueter les miettes de leur pain ; elles devinrent familières jusqu'à l'importunité, mais leur exemple n'engagea pas les oies à s'approcher du festin.

CHARLES. — On a bien raison de dire : *Bête comme une oie.*

LA MAMAN. — Cela n'empêche pas que les oies ne soient assez bonnes à manger, et n'offrent une grande ressource en certaines régions.

MARIE. — Au fait, Charles, maman nous a bien expliqué l'autre jour quels étaient les quadrupèdes, quels étaient les poissons qui se mangent ; et nous avons laissé de côté les oiseaux.

CHARLES. — C'est vrai, maman. *Chose promise est chose due* ! Parlons des oiseaux qui se mangent.

LA MAMAN. — C'est ce qu'on appelle de la *volaille* ; et l'on y remarque surtout le coq, ce fier grenadier que vous voyez là-bas, avec sa crête rouge ; la poule, sa femelle, à jamais illustre par la tendresse qu'elle témoigne à ses poulets ; le dindon, qui nous est venu d'Amérique, avec sa dinde et ses dindonneaux ; l'oie, qui n'a pas réussi à plaire à M. Charles, et le canard, tous deux bons nageurs, mais chanteurs fort pitoyables : le coq, par comparaison, est un virtuose.

MARIE. — Mange-t-on aussi du cygne si blanc et si gracieux ?

LA MAMAN. — Non, ma fille, pas plus que du paon : on les élève surtout pour leur beauté.

CHARLES. — Et les gentilles tourterelles ?

LA MAMAN. — On mange le pigeon, le ramier, et la tourterelle aussi : et l'on apprivoise aisément cette gracieuse petite bête, si douce et si fidèle.

Mais je m'aperçois que j'ai oublié de vous parler encore du gibier, comme je vous l'avais également promis.

En ce moment même, un violent coup de tonnerre se fit entendre.

MARIE. — Oh ! mon Dieu ! c'est l'orage, maman !

LA MAMAN. — Ah ! les pauvres moissonneurs !... Venez, venez, mes enfants. Il faut nous en retourner bien vite.

LA FERMIÈRE. — Y pensez-vous, madame ? Par un temps pareil, vous mettre en route avec ces pauvres petits enfants ! Faites-moi le plaisir et l'honneur d'attendre chez nous la fin de l'orage.

LA MAMAN. — Je vous remercie bien de l'hospitalité que vous m'offrez, ma chère, et je l'accepte. Car cette pauvre Marie, qui ne sait encore ce que c'est que l'orage, pourrait être malade de peur. Mes enfants, prions le bon Dieu qu'il protége les fruits de nos champs.

DEUXIÈME PARTIE.

QUAND IL PLEUT.

—

1re SOIRÉE. — LES VÊTEMENTS

§ I. — LA PELOTE DE FIL

Le beau temps parti ne revenait pas. Mais, comme Charles et Marie cherchaient plus encore à rendre heureuse leur mère qu'à obtenir des récompenses, leur travail ne s'était pas ralenti pour cela.

D'ailleurs, en dédommagement des promenades, la maman, le soir, leur prodiguait ses plus beaux livres à images ; mais on oubliait tout, dès que l'on pouvait un peu causer. La maman savait si bien conter, si bien expliquer !

Il paraît que Minette entendait être aussi mêlée à la conversation ; en effet, froissée sans doute du peu d'attention qu'on lui prêtait, elle vint se planter, l'insolente ! sur la table même et en face de la maman qui brodait ; puis, d'un brusque coup de patte, elle envoya le peloton de fil rouler à l'autre bout du salon. Charles et Marie coururent à l'envi l'un de l'autre pour le rapporter à leur mère.

MARIE. — Oh ! maman ! on croirait que c'est une étoffe que tu fais là.

CHARLES. — Mon Dieu, une étoffe, ce n'est autre chose que des fils entrelacés.

LA MAMAN. — Il est bien vrai qu'il faut des fils pour faire une étoffe, comme il faut de l'osier pour fabriquer des paniers. Le fil se fait dans les filatures, et c'est le tisserand qui travaille l'étoffe.

MARIE. — On ne trouve donc pas le fil tout fait ?

LA MAMAN. — Ne crois pas cela. Et d'ailleurs, il y a plus d'une espèce de fil. Cinq substances peuvent être employées à nous vêtir : le chanvre, le lin, le coton, la laine et la soie. Le chanvre est une plante...

MARIE. — Comment, une plante ?

LA MAMAN. — Sans doute, et le lin aussi. Je vous ai vus bien des fois cueillir la petite fleur bleue ou rose de cette plante, sans vous douter qu'avec elle on vous ferait des chemises quelque jour.

CHARLES. — Et le coton ?

LA MAMAN. — Il provient d'un arbuste d'Amérique, dont le fruit est une sorte de grosse noix empanachée, bourrée de beaux flocons d'un blanc de neige, c'est le coton. Quant à la laine, vous savez déjà qu'on la doit aux moutons. Enfin, la soie... Non, j'aime mieux vous en garder la joie pour plus tard. Quand Marie m'a interrompue, j'allais vous dire que la graine du chanvre s'appelle chènevis.

MARIE. — Le chènevis qu'on donne aux petits oiseaux ?

LA MAMAN. — Justement. On le sème au printemps en terre grasse, et au mois d'août on récolte le chanvre. Ecoutez. On coupe le haut, la racine et les feuilles. Puis on met les tiges en bottes ; et ces bottes, on les enfonce dans une eau tranquille où elles restent durant quinze jours : cela s'appelle *rouir* le chanvre.

Peu à peu l'eau a détaché les fibres de l'écorce. Alors on fait sécher le chanvre, et l'on tire les filaments qu'on met en gros flocons sous le nom de *filasse*. Eh bien ! mon Charles, depuis le fouet de ta toupie jusqu'aux câbles de navire les plus gros, c'est avec cette filasse qu'on tresse toutes les cordes.

CHARLES. — Mais comment s'y prend-on ?

LA MAMAN. — Il faut d'abord tordre la filasse ; car le fil le plus menu n'est jamais autre chose que du lin, de la laine ou de la soie tordue Le lin se prépare comme le chanvre ; seulement il est plus fin, et on l'emploie à la fabrication des étoffes et de la toile fines, tandis que le chanvre ne peut guère donner mieux que de grosses cordes et de gros sacs.

Au premier abord, le coton semble demander moins de travail : mais c'est le contraire. Vos bonnets, vos bas, vos caleçons, et les gilets, les calicots, les mousselines et les percales ne tombent pas absolument tout faits des branches d'un cotonnier : que de soins pour que la mousse blanche devienne seulement un fil mince comme celui-ci ! Il faut éplucher le fruit, il faut séparer la bourre de la graine, avant de mettre le coton en balles. A la filature, il est épluché de nouveau et battu avec soin, puis cardé, c'est-à-dire peigné. Alors on le met en rubans et ensuite on l'étire ; mais on l'étire si bien, qu'après cet étirage il ne reste plus autre chose à faire qu'à tordre les fils, puis à les rouler sur des bobines ou en une jolie pelote blanche comme celle que Minette a si insolemment escamotée tout à l'heure.

CHARLES. — N'oublie pas la laine, chère maman.

LA MAMAN. — Sois tranquille. La laine, enlevée à la toison de nos moutons, des chèvres, des vigognes, des mérinos...

MARIE. — Le mérinos est donc un animal ?

LA MAMAN. — C'est une sorte de mouton d'Espagne... La laine donc se travaille à peu près comme le coton, à peu près, vous m'entendez. On la bat, on la lave, on la carde, on la blanchit et l'on en fait du fil.

§ II. — LA SOIE, LE CHAPEAU, LES SOULIERS

MARIE. — Mais la soie, chère maman, est-ce que c'est une plante aussi ?

LA MAMAN. — Non, mon enfant.

MARIE. — Alors, c'est le poil de quelque animal ?

LA MAMAN. — Non, mais c'est à un animal que nous devons la soie. Cette soie, si brillante et si riche, le bon Dieu a voulu que ce fût une laide chenille qui la fournît. C'est un témoignage de sa puissance et de sa bonté.

A Lyon, dans toute la Provence, en Italie, en Perse, en Chine, on élève des millions de ces chenilles qui s'appellent *vers à soie*. Il leur faut beaucoup de chaleur pour naître, pour vivre et pour travailler. Mais, après bien des soins, quand ces vers, abondamment nourris de feuilles de mûrier, se sont grossis, ont changé de peau quatre fois et ont pris une sorte de transparence, ils commencent à filer leur coque jaune ou blanche qui se nomme *cocon* ; ils s'y enferment sans bruit et y demeurent quelque temps, jusqu'à ce que, transformés en papillons blancs, ils brisent leur enveloppe.

CHARLES. — Alors les cocons ne doivent pas pouvoir servir ?

LA MAMAN. — Tu n'as pas tort, mon ami ; mais attends. On fait trois lots différents de tous les cocons. Les plus beaux sont réservés avec les œufs qui donneront, l'an d'après, de nouveaux vers à soie ; les moins beaux servent à faire une étoffe qui, comme la filoselle, est moins précieuse que la soie. Quant aux autres cocons, ils sont placés dans une chaudière d'eau chaude, jusqu'à ce que les fils viennent à se décoller. L'ouvrier prend à la fois une vingtaine de ces fils pour les embobiner... Et puis on les carde, on les blanchit...

CHARLES. — Chère maman, je te remercie bien. Voilà comme on fait le fil ; mais comment fait-on l'étoffe ?

LA MAMAN. — Nous avons dit déjà que l'étoffe était un tissu de plusieurs fils, croisés et serrés les uns entre les autres, les uns contre les autres. Les machines destinées à accomplir ce travail se nomment métiers ; et, à notre prochaine sortie, je vous en montrerai.

CHARLES. — Quel bonheur !... Mais, maman, comment fait-on l'étoffe des chapeaux ?

LA MAMAN. — Il y a des chapeaux de diverses sortes. Le feutre est une étoffe épaisse qu'on prépare avec des poils et de la laine mélangés et pilés ensemble. Le mélange obtenu, on le place dans une toile humide, on lui fait prendre forme, et enfin on le plonge dans une chaudière bouillante d'un liquide qui s'épaissit, colle et forme le tissu que nous nommons le *feutre*.

Les chapeaux à longs poils, ceux qui sont aujourd'hui les plus communs, ne sont autre chose qu'un velours particulier. Car les soies, pas plus que certains poils, ne peuvent se feutrer ; on se sert en général de laine, ou des poils du lièvre, du lapin, du castor, de la loutre, du chameau, du veau, etc.

CHARLES. — Mais, maman, le poil ôté, que peut-on faire des peaux des bœufs, des veaux, etc. ?

LA MAMAN. — On en fait du cuir, mon ami. Et il est à propos que je vous en dise quelques mots. Nous sommes vêtus et coiffés, occupons-nous de la chaussure.

MARIE. — C'est bien simple : on n'a qu'à laisser sécher la peau, et elle devient du cuir.

LA MAMAN. — Non, ma fille. Cette peau serait bientôt corrompue, et elle ne serait pas bonne à tous les usages qu'on tire du cuir. Il faut, pour l'utiliser, la soumettre au tannage, qui, en empêchant la corruption, lui donne la force et l'épaisseur désirables.

CHARLES. — Comment se fait ce tannage ?

LA MAMAN. — On commence par enlever tous les poils de la peau ; puis on la lave, puis on la râcle, puis on l'enfouit dans une fosse entre deux couches de tan (le tan provient d'écorces d'arbres). Quand la fosse est remplie de couches de peaux et de couches de tan superposées, on verse de l'eau sur le tout ; et, durant trois mois, on ne s'en occupe plus. On remet alors les peaux se reposer quatre mois, au bout desquels on recommence la première opération. Enfin, quand elles sont restées cinq mois de plus dans la fosse au tan, on les retire ; le cuir est fait, mais une année s'est écoulée.

CHARLES. — Et l'on n'a plus qu'à le découper.

LA MAMAN. — Tu te trompes. Ce n'est pas encore ce cuir souple et lisse avec lequel se font nos légères bottines. Il faut en outre bien du temps et bien du travail pour le polir et le lustrer. C'est le cuir du bœuf qui s'emploie le plus ; celui du cheval et du porc sert à façonner des selles et des harnais ; celui du mouton et de la chèvre nous fournit les gants, la reliure, etc.

MARIE. — Maman, et le cuir de Russie ? Pourquoi sent-il si bon que cela ?

LA MAMAN. — On emploie de préférence pour le tanner l'écorce du bouleau, qui lui donne cette odeur.

CHARLES. — Et le parchemin ?

LA MAMAN. — C'est la peau non tannée... Mais il est tard. Prions Dieu et allons nous reposer.

2e SOIRÉE. — LES ALIMENTS

§ I. — APRÈS LE DESSERT

Le surlendemain, la maman, toujours satisfaite, avait imaginé de régaler Charles et Marie de deux assiettes de gâteaux. Nos petits gourmands s'en donnaient à cœur joie de savourer ces bonnes choses, et la maman de regarder ses enfants. Charles vient d'un coup de dents de séparer son baba par la moitié.

CHARLES. — C'est étonnant ! l'on dirait du pain.

LA MAMAN. — C'est en effet du pain, mais un peu plus délicat que le pain ordinaire.

MARIE. — Je me souviens, maman, que c'est avec le blé qu'on fait du pain.

LA MAMAN. — Oui, nous savons qu'après la moisson, l'on bat le blé et l'on vanne le grain. Ce grain, les meuniers l'achètent, et l'écrasent sous une grosse pierre, qui s'appelle *meule*. Mais il faut savoir que cette meule, qui est ronde, tourne toujours pour mieux écraser le grain.

CHARLES. — Comment peut-on remuer cette grosse pierre ?

LA MAMAN. — Elle est percée au milieu, et une pièce de bois s'y adapte. A cette pièce s'attachent quatre grands bras de toiles et de bois que le vent fait tourner, et la meule tourne en même temps. Quelquefois c'est l'eau d'une rivière qui fait marcher la meule. Cet appareil à écraser le blé s'appelle *moulin*, et le blé moulu se nomme *farine*.

MARIE. — Cela regarde le boulanger.

LA MAMAN. — Oui. Le boulanger verse

la farine dans une auge en bois, la *huche*, et, au milieu de la farine, il ménage une place. Pourquoi cela ?... pour y mettre le levain.

CHARLES. — Est-ce qu'avec un peu de farine mouillée et du feu, on ne ferait pas du pain ?

LA MAMAN. — La pâte sans levain est fine, mais elle manque de goût. On en fait des pains à cacheter. Les gâteaux sont aussi sans levain ; mais on y a ajouté du sucre, du beurre, quelquefois des fruits, des liqueurs, etc.

MARIE. — Enfin, maman, qu'est-ce donc que le levain ?

LA MAMAN. — Tout simplement de la pâte qu'on a laissé aigrir durant quelques jours, et qui fera fermenter la nouvelle. A Paris, pour les pains de bonne qualité, on se sert de *levure* ou écume de bière...

Mais finissons notre pain. On place son levain ou sa levure au milieu de la farine, et l'on verse par-dessus de l'eau tiède et un peu de sel ; puis l'on recouvre le tout de farine et l'on ferme la huche jusqu'au lendemain matin. Alors on verse de l'eau chaude sur la pâte du levain qu'on agite pour la rendre plus pure, et l'on y repousse encore le reste de la farine.

Le boulanger, les bras nus jusqu'aux épaules, pétrit la pâte avec énergie ; et même, dans certaines grandes boulangeries, une machine pétrit à la place de l'homme. Enfin, on laisse la pâte reposer pendant deux heures... Quand je dis reposer !... elle travaille toute seule, au contraire, et plus que jamais. Elle se gonfle, forme les yeux que vous savez, et prend ce goût qui vous plaît si fort.

Le boulanger, pendant ce temps-là, a allumé son four avec du bois sec ; à la lueur de la flamme qui brille, il sépare la pâte en pains de toutes formes, qu'il glisse au four au moyen de cette grande pelle de bois que vous avez dû voir souvent sans la connaître.

Fermons le four, et attendons une heure et demie, puis rouvrons le four. Les pains sont faits, dorés d'une couche appétissante et ils embaument.

CHARLES. — L'eau en vient à la bouche, n'est-ce pas, Marie ?... Mais ne fait-on du pain qu'avec le blé ?

MARIE. — Tu ne te souviens donc pas qu'on en fait avec de l'orge, du seigle, du maïs ? La fermière nous l'a dit.

CHARLES (*après avoir bu un grand verre d'eau, soit pour se punir de sa mauvaise mémoire, soit pour faire couler les gâteaux*). — Maman, qu'est-ce qui a mis de l'eau dans les puits?

LA MAMAN. —Tu te souviens bien, n'est-ce pas, des explications que je vous ai données sur les sources dans notre première promenade ?

CHARLES. — Oh ! oui, tu nous as si bien raconté comment elles formaient les rivières.

LA MAMAN. — Les puits ont la même origine ; dans les endroits où il n'y a pas de sources, l'homme a dû cependant songer à se procurer de l'eau ; l'idée lui est alors venue de creuser la terre jusqu'à la rencontre de l'eau. Ce trou, que l'on maçonne à l'intérieur, est un puits.

CHARLES. — Mais, maman, pourquoi dit-on le puits de Grenelle, puisque c'est une grande colonne?

LA MAMAN. — Ce n'est pas un puits semblable à ceux que je viens de décrire, c'est un puits artésien, ainsi nommé, parce que c'est dans l'Artois que ces sortes de puits furent creuses pour la première fois. Les nappes d'eau souterraines sont quelquefois très profondes : faire un large puits à cette profondeur eût été chose impossible. On pensa alors à introduire une sonde qui, perçant la terre, forma un trou de petit diamètre d'où jaillit avec force un filet d'eau.

MARIE. — Mais pourquoi l'eau sort-elle toute seule de ce trou, tandis que dans les puits on doit aller la chercher avec des seaux ?

LA MAMAN. — En voici l'explication. Prenons un tube recourbé, et versons-y de l'eau ; immédiatement elle se mettra au même niveau dans les deux branches par suite de la pression également exercée par l'air sur l'une et l'autre ; le même fait se produit dans le puits artésien : l'eau qui l'alimente monte dans le trou qu'a fait la sonde et jaillit à une hauteur égale à celle d'où elle découle.

MARIE. — L'eau des puits est-elle meilleure que l'eau des rivières ?

LA MAMAN. — Elle est souvent plus mauvaise et plus malsaine ; cela dépend des couches qu'elle traverse ou sur lesquelles elle coule. En général, l'eau la plus pure, c'est l'eau de pluie ; la plus mauvaise est celle des mares, impropre à la cuisson et au blanchissage des étoffes.

CHARLES. — Et l'eau de la mer, maman ?

LA MAMAN. — Il est impossible de la boire; et les marins, dans leurs voyages, sont obligés d'emporter des provisions d'eau de rivière, pour ne pas mourir de soif au milieu de l'eau. Cependant, admirez les secrets de la Providence ! cette eau est, d'un autre côté, une des choses qui nous sont le plus nécessaires.

MARIE. — Comment, cette eau de mer?..

LA MAMAN. — Oui, car elle nous donne le sel. On la laisse couvrir des marais creusés par la main des hommes, et nommés *marais salants* ; quand elle se tarit, elle laisse un dépôt de sel.

Je dois vous dire cependant que le sel le

plus blanc et le plus fin se trouve dans la terre. C'est le *sel gemme*, ce qui veut dire sel pierre précieuse ; en effet, quand on le déterre, il a le brillant et la transparence du diamant... Mais quel est ce bruit ?

CHARLES. — Maman, ce sont nos cousins qui viennent passer la soirée avec nous.

LA MAMAN. — Allons vite, mes enfants, allons faire bon accueil à nos amis.

§ II. — AVANT LA SOUPE.

Le lendemain, vers quatre heures, la mère est descendue à la cuisine avec ses enfants. Elle a quelques ordres à donner : les cousins dînent ce jour-là.

LA MAMAN. — Jeanne, vous avez pris du lait et de la crème, comme je vous l'ai recommandé ?

MARIE. — Oh ! maman ! parle-nous du lait.

CHARLES. — Oh ! oui, maman. C'est une si belle chose que de comprendre et de connaître !

LA MAMAN. — Retiens bien ce que tu as dit, Charles. Tu as raison : si les paresseux consentaient seulement à goûter de ce plaisir-là, ils cesseraient d'être paresseux. Mais revenons au lait...

Je ne vous apprends pas que c'est la liqueur blanche et mousseuse dont la vache nourrit son veau et que nous lui enlevons.

MARIE. — Il y a du lait de chèvre, aussi, maman ?

LA MAMAN. — Les femelles des quadrupèdes en général ont du lait ; mais l'on n'use guère que du lait de vache ; quelquefois, comme médicament, du lait de chèvre ou d'ânesse ;

rarement du lait de brebis. Je ne crois pas avoir à vous apprendre ce qu'on fait du lait.

MARIE. — On le boit, maman.

LA MAMAN. — Est-ce tout ? Crois-tu qu'on boive tout le lait des vaches qui, l'été, en donnent une bonne quantité ? Que fait-on du reste ?

MARIE. — Oh ! je sais : l'on en fait du beurre.

CHARLES. — Eh bien ! et du fromage ?

LA MAMAN. — Oui, du beurre et du fromage. Le lait contient deux choses : la crème et le caillé. Le beurre se fait avec la crème et le fromage avec le caillé.

CHARLES. — Parle-nous du beurre, maman.

LA MAMAN. — On laisse une journée le lait reposer, pour que la crème monte à la surface. On recueille cette crème et on la dépose dans un vase de bois; puis on l'agite avec une sorte de pilon à trous, nommé *bat-beurre*. La crème s'épaissit peu à peu, ou plutôt elle se sépare d'un liquide qu'on appelle le petit lait. On laisse égoutter la masse : c'est du beurre.

MARIE. — Et l'on jette le petit lait ?

LA MAMAN. — On le donne quelquefois aux taureaux, qui en sont très-friands.

CHARLES. — Comment le beurre est-il jaune, puisque le lait est blanc ?

LA MAMAN. — C'est qu'on y ajoute un peu de safran pour le jaunir... Parlons du fromage.

Il y en a de deux sortes : le gras et le sec. Pour avoir le fromage gras, on fait cuire le lait avec un peu de vinaigre et une sorte de lait caillé nommé *présure*. Puis on en forme des gâteaux ; on les sale et on les renferme dans un endroit frais.

Les fromages secs diffèrent des autres en ce qu'ils demandent une préparation bien plus longue. Ainsi on fait chauffer, on écume, on brasse ; puis on fait encore chauffer, puis on brasse encore; alors seulement on donne à chaque masse la forme de gâteau. On fait sécher le gâteau, qui diminue de volume en durcissant et en se comprimant dans des moules de plus en plus petits. Le plus renommé des fromages secs, c'est le fromage de Gruyère ; les meilleurs fromages gras sont les fromages de Brie, de Neuchâtel, de Roquefort, etc.

MARIE. — Oh ! moi, je n'aime que le fromage a la crème ; pour les autres fromages, je trouve singulier qu'on mange d'une chose qui sent si mauvais.

LA MAMAN. — Ce que tu dis ne manque pas d'une certaine raison; et cependant, cela arrive assez souvent. Ainsi, en général, on recherche le gibier lorsqu'il a acquis une légère odeur avancée. Sais-tu ce que c'est que le gibier, Charles ?

CHARLES. — Oui, c'est la viande des animaux que l'on tue à la chasse.

LA MAMAN. — Il y en a de fort recherchée. Dans les gibiers à plume, il y a le beau et délicieux faisan, les perdrix et les cailles qui font leurs nids dans les moissons ; les bécasses, les grives, les outardes, les coqs de bruyère, les gelinottes, dans les bois ; sur le bord des eaux, les canards sauvages, les bécassines, les macreuses, les courlis et la poule d'eau ; et n'oublions pas les alouettes, les vives et joyeuses chanteuses.

Le gibier à poil a aussi son roi : c'est le cerf, le grand coureur au front paré de superbes cornes en forme de branches ; et, après lui, plaçons le brutal sanglier, porc sauvage armé de deux longs crocs en forme de défenses.

CHARLES. — La hure de sanglier, qu'est-ce que cela ?

LA MAMAN. — C'est tout simplement la

tête. Et puis, il faut encore nommer le rapide chevreuil, le daim au poil lisse, le cha-

mois des montagnes. Enfin je vous nommerai le lièvre et le lapin, que votre estomac connaît.

En général, on chasse ces bêtes avec un fusil, et avec un chien qui dépiste, poursuit et apporte le gibier abattu. Mais on ne chasse guère le cerf et le sanglier sans une troupe de chiens, qu'on appelle *meute*, des piqueurs et les sons du cor.

8e SOIRÉE. — LA VEILLÉE.

§ I. L'ALLUMETTE ET LE CHÊNE.

Le mauvais temps ne cessait pas. Fut-ce cette influence funeste qui agît sur les enfants ? Je ne sais, mais ils eurent le malheur d'être paresseux. Cependant le soir n'était pas venu, et déjà leur chagrin était si profond, que la maman elle-même fut obligée de les consoler. C'est ainsi qu'un bon cœur doit se repentir de ses faiblesses ; c'est ainsi que le repentir efface bientôt le souvenir de l'offense.

Néanmoins le dîner fut un peu triste. Et ensuite la maman restait assise auprès de la fenêtre, quand ses enfants, comme s'ils s'étaient entendus, vinrent se jeter dans ses bras. On pleura; de part et d'autre on se fit des caresses. La maman parla beaucoup de la bonté de Dieu, qui avait pardonné à ses enfants avant elle-même et dès qu'il avait su leurs regrets.

Enfin l'on en arriva à sourire ; et sans doute le bon Dieu agréa cette réconciliation, car l'horizon sembla s'éclaircir, et ce fut comme une solennelle promesse de beau temps pour le lendemain.

LA MAMAN. — Marie, appelle pour qu'on nous monte la lampe, et demande quelques allumettes.

CHARLES, MARIE. — Maman, comment se fait-il...

La maman et les deux enfants partirent d'un franc éclat de rire.

LA MAMAN. — J'étais sûre que vous me feriez tous les deux la même question, en voyant cette allumette. Comment, en frottant ce petit bout de bois, le feu peut-il prendre?

MARIE. — Oui, c'est cela; comment cela se fait-il ?

CHARLES. — Ce n'est pas tout à fait ma question ; mais, comme je l'aurais toujours faite, réponds d'abord, maman, à celle de Marie ; la mienne viendra ensuite.

La lampe s'alluma, la maman prit son ouvrage.

LA MAMAN. — Il n'y a pas très-longtemps qu'on se sert d'allumettes chimiques; et, quand j'étais toute jeune, on ne connaissait pas encore cette invention expéditive.

MARIE. — Comment faisait-on pour avoir du feu?

LA MAMAN. — On avait le briquet. C'était une de ces pierres grises, du silex, dont tu t'amuses quelquefois, Charles, à faire jaillir des étincelles avec ton couteau... Sur la pierre on plaçait un peu d'amadou, sorte d'étoffe inflammable, et l'on frappait la pierre avec un morceau d'acier. Dès qu'une étincelle tombait sur l'amadou, l'amadou prenait feu. Cela tient à ce que le frottement produit de la chaleur, et même de la flamme. Et, à ce propos, cela vous explique pourquoi l'on graisse souvent les roues des wagons; c'est que le frottement pourrait mettre le feu aux voitures; ce qui est déjà arrivé.

CHARLES. — Mais, maman, les allumettes?

LA MAMAN. — Rien n'est plus simple et plus prompt, et je pourrais dire trop simple et trop prompt, pour les enfants imprudents et désobéissants. L'allumette est un petit morceau de bois, comme vous voyez; on l'a trempé dans une substance très-inflammable, qui s'allume au moindre frottement.

Vous pensez bien qu'il serait trop long de tailler allumette après allumette. On prend des rondins de bouleau bien secs, et quelquefois des morceaux de peuplier et de saule. On les confie à une machine fort curieuse, qui les fend en long et en large, et cela avec tant de rapidité, qu'il se taille jusqu'à soixante mille allumettes à l'heure. Vous comprenez qu'il ne reste plus qu'à les plonger dans le mélange dont je vous parlais, et les allumettes sont achevées.

CHARLES. — Maman, puisqu'on emploie tant de bois, soit pour le travailler, soit pour le brûler, comment plante-t-on les grandes forêts?

LA MAMAN. — La plupart des forêts sont naturelles; mais enfin on sème un chêne,

mon ami, comme on a semé du blé : on jette la graine sur une terre remuée. Il a fallu bien du temps sans doute pour obtenir une épaisse forêt. Il y a une partie qu'on conserve et qu'on laisse vieillir: ce sont les futaies. Il y a une autre partie, les taillis, que l'on coupe de temps en temps, pour la brûler ou en faire du charbon. On abat aussi quelquefois les futaies; c'est lorsqu'un arbre a pris tout son développement et que son tronc est d'une bonne grosseur. Ou l'on en fait des charpentes, ou bien on le débite en planches.

CHARLES. — J'ai bien entendu, n'est-ce pas, que le bois des taillis servait à faire du charbon de bois?

LA MAMAN. — Certainement. Et on l'appelle charbon de bois, parce qu'il vient du bois. Tenez, je vais, mes enfants, vous expliquer cette fabrication. Le bois se composant de charbon et de matières que la chaleur en détache, il suffit donc de chauffer le bois d'une manière convenable pour obtenir du charbon.

Le moyen le plus simple, c'est de placer le bois dans des vases bien fermés et soumis à l'action du feu: on peut appeler cela la distillation du bois. Mais si ce moyen est le plus facile, il est aussi le plus coûteux ; et si l'on distille le bois, c'est bien plutôt pour recueillir ce qui s'en échappe, le goudron, l'esprit, le vinaigre. Le charbon est ici le résidu d'une fabrication plus importante et plus productive.

MARIE — Et si l'on veut que le charbon coûte moins cher ?

LA MAMAN. — On a recours au charbonnage commun qui se fait dans la forêt même. Le charbonnier choisit un tertre sec et bien aéré : il y plante une grande bûche, autour de laquelle il range en cercle et debout d'autres bûches d'un demi-mètre environ. Au-dessus de cette petite construction, il dispose un second étage de bûches ; puis il recouvre le tout de feuilles, de gazon, de terre même. Alors il enlève la bûche centrale dont la place lui sert de cheminée. Le feu prend, et une épaisse fumée entoure le monceau. On attend deux jours ; le troisième, on étouffe le feu ; le quatrième, on perce la croûte extérieure, et le charbon est au-dessous.

Il faut prendre garde qu'il n'y ait quelque fuite, et avoir soin de recouvrir de terre celle qui se montrerait. Encore, malgré toutes les précautions, il y en a bien toujours un sixième de perdu.

CHARLES. — Maman, dis-nous ce que c'est que le charbon de terre.

LA MAMAN. — Le charbon de terre, ou houille, se rencontre dans la terre, par couches, comme le sel, d'une épaisseur de douze mètres quelquefois. Les houillères sont difficiles et quelquefois dangereuses à exploiter, mais elles fournissent de grandes ressources. Les principales usines ne peuvent s'en passer; l'on brûle dans nos foyers la houille distillée, ou *coke*, chauffant moins que le charbon de terre, mais n'ayant pas d'odeur désagréable.

Les houillères les plus riches sont présentement en Belgique et en Angleterre.

§ II. — LA LAMPE.

CHARLES. — Ma chère maman a oublié que j'avais aussi une question à lui adresser.

LA MAMAN. — Parle, mon bon ami.

CHARLES. — Qui donne tant d'éclat à la flamme de cette lampe?

LA MAMAN. — C'est l'huile.

MARIE. — Et d'où vient l'huile, maman ?

LA MAMAN. — Il y a deux sortes d'huiles : l'huile à manger, l'huile à brûler.

La première se fait en broyant des olives, des noix, des faînes ; la seconde s'extrait des graines de certaines plantes, du colza, de la navette. Sous le pressoir, l'huile découle ; et, pour s'éclairer, il suffit d'un bout de coton ciré qu'on enfile dans un morceau de liège nageant sur l'huile.

Mais le système de cette lampe est plus compliqué. Regardez cette petite clef : elle sert à faire monter la mèche. Cette autre bien plus forte, sert à pomper l'huile dans l'intérieur de la lampe. L'huile monte, monte toujours, gagne la mèche, l'humecte, et fournit cette lumière blanche que vous voyez. On se sert aussi d'autres huiles, dites huiles minérales, telles que le schiste, le pétrole, etc. Cette dernière est aujourd'hui d'un fréquent usage, et elle existe à l'état naturel surtout en Amérique, qui en possède des lacs immenses.

MARIE. — Tu nous as dit, maman, que la graisse donnait le suif, et que le suif servait à faire la chandelle. Comment fait-on la chandelle?

LA MAMAN. — C'est assez aisé. On prend une mèche toute nue, on la plonge dans le suif fondu, on la laisse sécher et l'on recommence l'opération jusqu'à ce que la chandelle soit de la grosseur voulue.

On emploie un autre moyen plus coûteux, mais aussi plus régulier : c'est le *moulage*. Au fond d'une auge percée de trous, sont adaptés des tubes en fer-blanc fermés à leur extrémité et de même forme que la chandelle ; de plus ils sont traversés tout au long par une mèche. Quand on verse le suif tout bouillant dans l'auge, il descend dans les tubes, les remplit ; il ne reste plus qu'à sécher les chandelles.

On commence aujourd'hui à en brûler beaucoup moins, parce qu'elles ont une assez mauvaise odeur. On brûle des bougies.

CHARLES. — Les bougies sont faites de cire, n'est-ce pas, maman?

LA MAMAN. — Pas toujours, et même on en fait fort peu, parce que la cire est très-chère. On se sert le plus souvent de ce qu'on appelle bougie stéarique.

MARIE. — Mais, maman, d'où vient la cire?

LA MAMAN. — Des abeilles, mon enfant.

CHARLES. — Oh ! je ne les aime pas, moi, ces bêtes-là ! Dans le jardin de grand'mère, je me suis approché de leur maison que j'ai voulu voir et elles m'ont tellement piqué, que j'ai eu la figure et les mains enflées; tu te le rappelles-bien, n'est-ce pas?

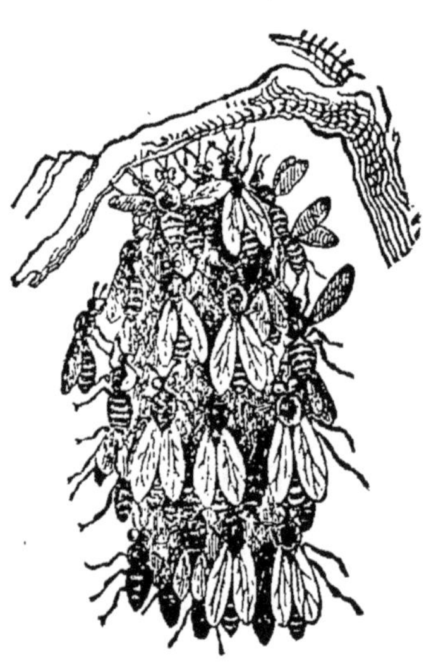

LA MAMAN. — Oui, mon enfant : mais si tes souvenirs sont si cuisants, cela tient à ce que, non content d'approcher de leur maison, comme tu le dis, tu as voulu y toucher, malgré la défense de ta grand'mère, et les abeilles t'ont fait payer cher ta témérité, car, industrieuses et ne pensant qu'au travail, elles ne se servent de leur aiguillon ou dard qu'en cas de légitime défense.

Mais puisque nous parlons des abeilles, laissons un moment de côté la bougie : je veux vous donner quelques détails, qui, j'en suis sûre, vous intéresseront, sur cet insecte si admirablement doué par le Créateur.

L'abeille est une petite mouche qui a quatre ailes nues sur lesquelles on voit de fortes nervures, dont le corps est couvert de poils et qui est armée d'un aiguillon dont la piqûre est douloureuse.

CHARLES. — Oh! oui, j'en sais quelque chose.

LA MAMAN. — De l'intérieur de leur bouche sort une trompe très mobile dont elles se servent pour prendre dans le fond des fleurs le miel qui s'y trouve tout préparé, et l'amener dans leur bouche.

Quand leur estomac est plein, elles retournent à la ruche où elles dégorgent ce miel; mais elles ont un second estomac où il parvient une certaine quantité de miel qui leur sert de nourriture. C'est par la transpiration de leur corps que se produit la cire qu'elles emploient à construire ces petites cellules si admirables par leur régularité.

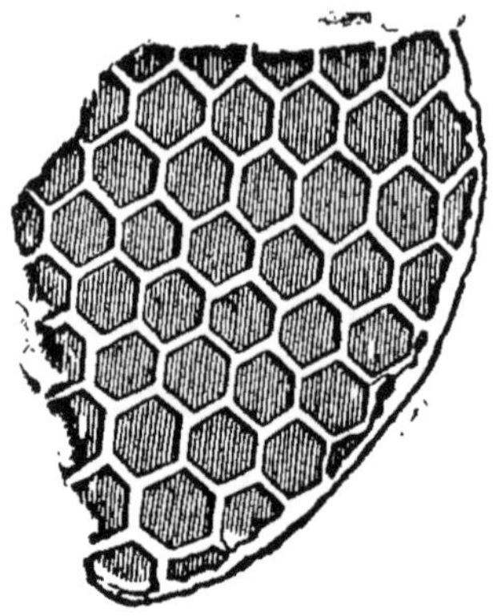

Il ne faudrait pas croire que toutes les abeilles soient semblables ; une ruche se com-

Mâle.

Reine.

Ouvrière.

pose d'une reine, des mâles et des ouvrières ; c'est à ces dernières qu'est réservé le travail ;

les unes construisent les édifices, veillent à l'entretien des ruches et à l'éclosion des œufs; les autres parcourent la campagne et reviennent chargées de miel et du suc des fleurs. La reine pond les œufs et jouit d'un empire absolu sur ses compagnes; elle commande et dirige tous les travaux.

Les abeilles, dans l'état sauvage, se construisent des habitations, soit dans le creux des arbres, soit dans des trous de mur, même dans les cheminées. Mais l'homme songea à leur fournir une habitation toute prête, afin de pouvoir s'emparer de leurs produits; c'est une ruche en paille dans laquelle on dépose un essaim qui ne tarde pas à s'y acclimater et à y bâtir ces gâteaux aux innombrables trous ou cellules.

Le propriétaire de ces ruches en enlève alors, au fur et à mesure de leur achèvement, mais avec de grandes précautions, le miel et la cire fabriqués par ces intelligents animaux.

MARIE. — Oh! que cela doit être curieux, l'intérieur d'une ruche!

LA MAMAN. — Oui, mon enfant, l'abeille est un des chefs-d'œuvre de la puissance divine et elle semble porter en elle un rayon de la sagesse suprême. Et vous voyez, elle m'a fait oublier la bougie stéarique.

CHARLES. — C'est la première fois que tu nous en parles, maman.

LA MAMAN. — Oui, car elle est d'invention récente. Un savant a découvert que le suif se composait de quatre substances, dont deux en particulier pouvaient fournir une sorte de cire ferme, blanche et économique, sans odeur et ne salissant pas. C'est la bougie stéarique.

CHARLES. — Maman ! tu me diras aussi ce que c'est que le gaz, qui brûle là, en face de nous.

LA MAMAN. — Ce bec est tout simplement le bout d'un tuyau creux et percé à l'extrémité, par lequel le gaz arrive. Et, comme tu l'as observé si souvent, il suffit d'approcher la moindre flamme de ce bec pour que le gaz s'allume. Le gaz lui-même n'est autre chose qu'une vapeur, une sorte de fumée produite par la houille distillée. Et, à ce propos, je vous rappelle que le coke est le résidu de la distillation de la houille.

Mais, mes bons enfants, voilà qu'il est tard, il faut gagner vos lits.

MARIE. — Encore une question, maman... et le verre ?

LA MAMAN. — On obtient le verre, en faisant fondre du sable avec de la potasse ou une substance analogue à celle-ci, de la soude. On plonge dans ce mélange fondu, devenu ainsi une sorte de pâte, un long tube de fer, et l'on souffle par l'autre extrémité, absolument comme vous soufflez par le bout de paille, quand vous voulez faire des bulles de savon. Le verre devient alors aussi une bulle transparente, qui s'allonge et prend une forme cylindrique. Si l'on veut en faire du verre à vitre, on la place sur une surface plane dite refroidissoir, on la fend dans la longueur du cylindre et, en se refroidissant, elle prend la forme plate que vous lui connaissez. Il suffit du diamant du vitrier pour donner au verre les dimensions diverses qui le font adapter à nos fenêtres et à nos belles devantures de magasin.

CHARLES. — Mais maman, pour obtenir les bouteilles ?..

LA MAMAN. — Assez pour aujourd'hui, mes enfants ; vous me fournirez un autre jour l'occasion de répondre à cette question. Pour maintenant, il ne nous reste plus qu'à aller prier Dieu. En le remerciant des belles et bonnes choses qu'il vous a donné d'apprendre aujourd'hui, demandez-lui qu'il ramène le beau temps, afin que nous puissions reprendre nos promenades.

TROISIÈME PARTIE.

QUAND ON A TOUTE SA JOURNÉE

—

1re GRANDE PROMENADE

§ I. — LE WAGON

A neuf heures, le lendemain matin, un train partait de la gare du Nord, et il emportait nos amis, bien heureux ce jour-là, Charles, Marie et la maman. On regarda longtemps par les vitres de la portière; mais on ne peut pas regarder toujours et ne parler jamais.

MARIE. — Que ce devait être long, fatigant et ennuyeux, de voyager avant l'invention des chemins de fer!

LA MAMAN. — Oh! sans doute, et dispendieux surtout. Il fallait plusieurs journées quelquefois pour le moindre voyage; il fallait s'arrêter souvent pour coucher à l'auberge; on montait à pied les côtes...

CHARLES. — A pied ! Oh ! c'est moi qui aimerais cela, voyager à pied !

LA MAMAN. — Tu serais bien vite rassasié de cette fantaisie, et tu t'empresserais de remonter dans notre wagon qui court si vite.

CHARLES. — En tout cas, c'est une admirable invention. Qui a découvert l'usage de la vapeur, maman ?

LA MAMAN. — On a assuré que c'était Salomon de Caus, un savant que l'on crut fou et que l'on enferma. Mais il ne vit pas mûrir les fruits de son génie: les bateaux, les machines à vapeur.

MARIE. — La vapeur, maman, n'est-ce pas la fumée qui s'échappe de l'eau bouillante ? Comment peut-on, avec un peu de fumée, faire avancer cette longue file de wagons ?

LA MAMAN. — Ecoute-moi bien, ma fille. Toute machine à vapeur consiste en une pompe, au haut et au bas de laquelle la vapeur peut arriver. Si l'on fait entrer de la vapeur par le bas, le piston, qui peut se promener dans la pompe, remonte ; si la vapeur entre par le haut, le piston descend. Eh bien, ce mouvement du piston qui va et vient ainsi peut être employé pour faire marcher toutes sortes de machines. Il suffit d'attacher une tige à ce piston, ou la manivelle d'une roue, et l'on obtient cette force étonnante qui vous frappe.

CHARLES. — Oh oui! Quelle vitesse! regarde donc, Marie!

LA MAMAN. — Ce qui ajoute à la vitesse des trains, c'est la voie de fer, ces *rails* sur lesquels glissent les roues des wagons. Et voilà qui peut vous expliquer comment une seule machine peut entraîner tant de voitures avec une vitesse de plus de huit lieues, c'est-à-dire plus de trente-deux kilomètres, à l'heure.

CHARLES. — Quels sont ces fils suspendus à de longues perches tout le long du chemin?

LA MAMAN. — Tu me demandes là, mon ami, une explication assez difficile à te donner... Ecoute cependant. Suppose qu'un éclair viennne à briller tout à coup devant tes yeux: tu en es ébloui, ton corps même en est comme ébranlé. Eh bien, l'électricité, grâce à laquelle on a pu imaginer ces télégraphes, l'électricité communique des secousses aussi rapides que cet éclair qui blesserait ton œil. Plus tard, tu sauras comment on produit, ou plutôt comment on développe cette électricité; mais sache qu'elle transmet la secousse presque instantanément à d'énormes distances le long d'un fil de métal.

Suppose que je veuille établir un telégraphe de Paris à Versailles: j'envoie le long du fil l'électricité à mon correspondant, avec lequel je suis convenu du nombre de secousses qu'il faudra pour signifier *a*, *b* ou *c*. Si mon correspondant a le même moyen de me faire passer ses lettres, tu comprends que nous pouvons causer ainsi ensemble et à de fort grandes distances.

MARIE. — Combien de temps faut-il pour que la secousse se communique de Paris à Versailles?

LA MAMAN. — A peine quelques secondes. Et les nouvelles importantes de l'État sont ainsi répandues avec la plus grande célérité. Aujourd'hui les particuliers mêmes peuvent, au moyen des télégraphes, se faire savoir entre eux de fort loin les faits qui les intéressent.

Allons, descendons, mes enfants, nous sommes arrivés.

§ II. — LES CARRIÈRES

LA MAMAN. — Charles, je t'en prie, pas d'imprudence; ne va pas tomber dans la carrière.

CHARLES. — Aussi, pourquoi a-t-on creusé ces grands trous ? C'est dangereux.

LA MAMAN. — Ce serait bien plus dangereux de creuser en voûte; les ouvriers auraient continuellement des éboulements à craindre.

MARIE. — Que de pierres, maman! Vois donc!

LA MAMAN. — C'est de la pierre à bâtir, qu'on appelle *moellon* lorsqu'elle est en morceaux, et *pierre de taille* lorsqu'elle est extraite en gros blocs. On la tire de la terre, vous voyez, comme la houille, comme le sel gemme.

CHARLES. — Elle est donc aussi disposée par couches?

LA MAMAN. — Oui, mon ami; il semble que toutes ces matières aient été autrefois comme fondues, et qu'elles se soient refroidies dans la disposition par couches où nous les voyons.

MARIE. — Comment peut-on détacher ces énormes blocs du fond de la carrière?

LA MAMAN. — On emploie pour cela la pioche, le pic, les coins; mais, s'il ne suffisent pas, on se sert de poudre, et l'on fait sauter la pierre.

CHARLES. — Et les petits morceaux de cette pierre, ils sont donc perdus?

LA MAMAN. — Non, on en fait de la chaux, en les chauffant au rouge une journée entière. La chaux doit être ensuite tenue éloignée de l'air, parce qu'elle perdrait toutes ses propriétés. On nomme *chaux éteinte*, celle que l'on mélange avec de l'eau et qu'on emploie à la construction; et l'on appelle *chaux hydraulique*, celle qui durcit et prend consistance dans l'eau.

Pour construire des bassins, des citernes, etc., on se sert de *béton*: c'est un mélange de gravier, de sable et de chaux Le plâtre laisserait passer l'humidité.

CHARLES. — Qu'est-ce que le plâtre, maman?

LA MAMAN. — Le plâtre provient d'une pierre pâle et transparente que vous appelez, vous enfants, *pierre à Jésus*, mais dont le nom réel est *gypse*. On fait cuire cette pierre pour obtenir le plâtre.

MARIE. — Comment ! cuire, maman?

LA MAMAN. — Oui, mon enfant : cette pierre n'étant guère que du plâtre et de l'eau, l'opération se borne à faire évaporer cette eau ; aussi le feu n'a-t-il pas besoin d'être ardent comme celui des fours à chaux. Sous un hangar, on construit avec le gypse même des petits fours remplis de fagots que l'on allume. Alors il s'en échappe une grande fumée : c'est l'eau réduite en vapeur.

Quand le plâtre est cuit, on le pile; on le passe par un tamis de crin, quand on doit l'employer aux moulures, aux travaux délicats, et à travers un panier, quand on le destine aux besoins ordinaires. Quant à la façon dont le maçon l'utilise, je n'ai rien à vous apprendre. Il le délaye avec de l'eau et le gâche avec une *truelle*, vous save , en ayant soin de ne pas perdre de temps pour l'utiliser, car il est bientôt sec.

CHARLES. — Est-ce qu'il y a aussi des carrières de ces pierres rouges que tu m'as dit être des briques ?

LA MAMAN. — Non, non. Il faut fabriquer

les briques, aussi bien que les tuiles et les carreaux, qui ne diffèrent que par la forme.

C'est de la terre, de l'argile, du sable, de l'eau mêlés ensemble, purifiés, débarrassés de pierres et d'ordures et mis au four. On bâtit avec les briques, on pave avec les carreaux, on fait les toits avec les tuiles.

MARIE. — Il y a donc des tuiles bleues, maman ?

LA MAMAN. — Ah ! tu veux parler de l'ardoise ! L'ardoise, qui sert aussi à couvrir les maisons, n'est pas fabriquée comme la tuile. C'est une pierre naturelle, facile à tailler et se détachant en feuilles.

Ici la conversation s'arrêta, non pas que la promenade fût terminée ou qu'on n'eût plus de questions à faire, mais on était arrivé chez l'oncle qui attendait nos amis ce jour-là. Chacun d'eux, d'après les conseils de son cœur, fut le plus aimable qu'il put pour ce bon parent et l'on s'en revint le soir aussi joyeux que l'on était parti.

Une lettre attendait la maman à son retour, et disait : « Madame, je compte sur la promesse que vous m'avez faite l'année passée. Venez assister à nos vendanges avec vos charmants enfants, je vous en prie. Arrivez de bon matin et apportez vos chapeaux de paille; mais apportez aussi un bon appétit de vendangeurs... il y aura de la soupe aux choux. Embrassez pour moi Charles et Marie. A bientôt. »

2° GRANDE PROMENADE.

§ I. — LES CLOCHES.

LA MAMAN. — Vos devoirs sont finis, serrez vos cahiers. Je vais vous emmener, chers enfants.

CHARLES, MARIE. — Oh! avec plaisir, chère maman!.....

Il était midi quand on arriva dans la campagne, et de plusieurs côtés on entendait résonner les cloches.

MARIE. — Oh! que j'aime ce bruit des cloches, maman! Il me semble que c'est un chant qui m'appelle.

LA MAMAN. — C'est ainsi qu'il faut le comprendre, ma fille. C'est une voix religieuse qui rappelle au chrétien son devoir. Cette amie de l'homme carillonne gaiement le baptême, pieusement la première communion, chante en refrain son mariage et gémit sur sa mort. Mais sais-tu seulement, Charles, en quoi cette cloche est faite ?

CHARLES. — En cuivre ? Au fait, non ; ce ne serait qu'un chaudron. En fer, peut-être?

LA MAMAN. — Non, pas en fer; mais elle est formée de différents métaux fondus ensemble : c'est ce qu'on nomme un alliage. Parmi les métaux, les uns sont précieux, les autres sont communs. Les premiers sont l'or, l'argent, le platine, le mercure ; les autres sont le fer, le cuivre, l'étain, le zinc, le plomb.

Le fer, gris bleuâtre, demande, pour se fondre, une température fort élevée, qu'on obtient difficilement et qu'on maintient plus difficilement encore. On ne le fond guère à cause de cela ; mais on l'amollit à un feu violent, et les forgerons profitent de ce ramollissement pour le façonner en fils, en fer à cheval, en pièces de serrurerie, etc.

CHARLES. — La fonte de fer, comme on dit, maman, ce n'est donc pas du fer fondu?

LA MAMAN. — Non, enfant ; et c'est une chose que tu dois savoir, car la fonte est très-employée aujourd'hui. On en fait des poêles, des chaudières, des rails, des marmites, des machines à vapeur, des canons, des bombes, des ponts, même des charpentes de maisons. L'on vient de construire en fonte les nouvelles halles de Paris, et l'on a refait en fonte les dômes des monuments. Qu'est-ce donc que la fonte ?

C'est du fer fondu avec du charbon et de l'argile. Si vous entriez, mes enfants, au milieu d'une fonderie, vous verriez le chauffeur jeter à la forge du charbon, du fer, des tuiles, pendant que d'autres ouvriers façonnent en terre les moules des objets qu'on veut obtenir. Car lorsque la fonte est bien coulante, on la verse comme de l'eau dans les moules, dont elle prend alors la forme.

CHARLES. — Qu'est-ce que c'est que l'acier, maman ?

LA MAMAN. — Du fer combiné seulement avec le charbon et soumis à l'opération de la trempe. Voici comme on s'y prend : on enveloppe de charbon les barres de fer que l'on fait rougir au feu ; puis, dès qu'elles sont rouges, on les trempe brusquement dans de l'eau glacée, et l'acier est fait.

Cet acier, plus dur et plus poli que le fer, et en même temps plus élastique et plus fin, rend à l'homme de grands services : il en fabrique tous les instruments tranchants.

CHARLES. — C'est dans la terre que l'on trouve le fer ?

LA MAMAN. — Oui, aussi bien que les autres métaux. Ils sont, comme on dit, à leur état natif, quand on les rencontre purs et naturels ; mais, le plus souvent, ils sont combinés avec d'autres substances : c'est du minerai. Le fer est presque toujours en cet état ; cependant, en Amérique et en Sibérie, on le trouve souvent à l'état natif.

MARIE. — Et le cuivre ?

LA MAMAN. — Sa véritable couleur est rouge, quoi que vous en puissiez penser. Il est rarement aussi à l'état natif, si ce n'est en Sibérie. Son minerai, appelé *pyrite,* est abondant en Norwége, en Suède, au Japon, etc. On en rencontre en France, près de Mâcon.

CHARLES. — Maman, l'étain, je t'en prie ?

LA MAMAN. — L'étain n'existe pas à l'état natif : c'est un métal blanc, brillant et léger, qui se travaille en lames très-minces ; qui sert à faire des instruments de cuisine, à étamer les autres métaux, etc. Or, on entend par étamer, plonger un métal dans un bain d'étain fondu. Le fer étamé s'appelle fer-blanc.

CHARLES. — A quoi sert d'étamer les métaux ?

LA MAMAN. — On étame le fer des instruments de cuisine, par exemple, pour lui ôter sa saveur âpre ; et l'on étame le cuivre, parce que ce métal, exposé à l'humidité, se couvre d'un poison fort dangereux, le vert-de-gris.

MARIE. — Maman, en quel métal est cette statue de Jeanne d'Arc que nous avons sur la pendule du salon à Paris ?

LA MAMAN. — Cette statue est de bronze. Le bronze, que les anciens appelaient *airain*, est un alliage de cuivre et d'étain, comme celui dont on fait les cloches, les canons, etc.

CHVRLES. — Maman, n'oublie pas le zinc, n'oublie pas le plomb, surtout.

LA MAMAN. — Le premier est plus dur, le second plus tendre que l'étain. Le zinc se trouve en minerai, sous le nom de *calamine*, dans la Sibérie, dans l'Allemagne et en Angleterre. Le minerai de plomb, qu'on rencontre dans les mêmes régions à peu près, s'appelle *galine*, et c'est le plus lourd des métaux communs.

Le zinc et le plomb s'emploient tous les deux à recouvrir les maisons ; mais le plomb est plus facile à manier : on en fait des tuyaux, on en recouvre le fond des réservoirs.

MARIE. — Et l'or ? oh ! l'or, maman !

LA MAMAN. — Mordez-moi, pour votre goûter, dans cette bonne galette, et écoutez.

§ II. — LA PIÈCE D'OR.

LA MAMAN. — Tenez, prenez cette pièce et regardez-la : c'est de l'or.

MARIE. — Comment a-t-on pu graver la figure sur ce métal qui est si dur ?

LA MAMAN. — Je répondrai tout à l'heure à ta question, ma fille. L'or, le premier des métaux précieux, se trouve surtout en Amérique, au Mexique, au Brésil, au Pérou, au Chili. Il est vrai qu'on en rencontre aussi en Espagne, en Hongrie et en France, en Siberie et en Afrique ; mais, des soixante-quatorze millions qu'il en faut par an, c'est l'Amérique qui fournit plus de la moitié.

MARIE. — J'ai lu dans un livre qu'il y avait certains fleuves qui roulaient de l'or: est-ce bien vrai, maman ?

LA MAMAN. — L'or, qui se présente rarement à l'état de minerai, se rencontre de deux manières à l'état natif. Ou il est à fleur de terre, en blocs de moyenne grosseur, qui s'appellent *pépites,* ou il forme, en lames et paillettes, le lit de certains fleuves ; en sorte qu'il n'y quelquefois autre chose à faire que des lavages pour rendre l'or propre à être employé.

Maintenant, vous n'ignorez pas à quoi l'or est employé : on en fait des objets de luxe, des bijoux, des cuillers, des fourchettes, des timbales, des vases sacrés, etc., et enfin de la monnaie, comme cette pièce.

Seulement, je dois vous prévenir que la monnaie ne se compose pas uniquement d'or ; la dixième partie est d'argent ou de cuivre.

MARIE. — Tiens! Et pourquoi donc cela?

LA MAMAN. — Si l'on ne faisait pas cet alliage, tu n'aurais pas tout à l'heure dit en parlant de l'or, *ce métal si dur*. L'or est très-flexible, au contraire ; et, sans ce mélange, il s'userait trop vite. Mais ce n'en est pas moins le roi des métaux, plus lourd mais bien plus beau que le plomb.

CHARLES. — Veux-tu, chère maman, nous parler de l'argent aussi ?

LA MAMAN. — Je n'ai pas besoin de vous dire qu'il est blanc ; il est de plus léger, facile à limer et même à couper. On le trouve à l'état naturel en Norvége, en Allemagne, et surtout en Amérique ; mais il se rencontre plus fréquemment en minerai

Généralement on accorde à l'argent une valeur quinze fois et demie moins grande qu'à l'or. Quelquefois on dore l'argent : cela se nomme du *vermeil.*

CHARLES. — Est-ce qu'on mêle aussi un alliage à la monnaie d'argent ?

LA MAMAN. — Oui ; l'on y fait entrer un dixième de cuivre.

MARIE. — Tu nous as nommé le platine aussi, maman ; qu'est-ce que le platine ?

LA MAMAN. — Un métal brillant, blanc comme l'argent, très-dur et le plus lourd de tous les métaux. La Sibérie, riche en toutes sortes de minerais, est surtout riche en platine; si bien qu'on en a fait de la monnaie en ces pays-là. Il est inaltérable comme l'or: aussi l'on en fait des instruments de précision pour la chimie, pour la chirurgie, etc.

Quant au mercure, c'est un métal liquide, qui...

CHARLES. — Comment! le mercure est-il donc toujours en fusion?

LA MAMAN. — En fusion! bien loin de cela, il est toujours froid. Et, s'il ne mouille pas la main, il ne la brûle pas non plus. Il ressemble à ces gouttes rondes de rosée qui tremblent aux bords des feuilles et ne semblent pas les mouiller. Blanc, à peu près comme l'argent, et extrêmement mobile, on l'appelle aussi *vif-argent*; mais il est en réalité plus lourd que le plomb.

Quand on mêle le mercure à un autre métal, le mélange prend le nom d'*amalgame*; et rien n'est plus aisé à faire, car les autres métaux semblent se fondre dans le mercure et s'incorporer dans sa liquidité.

MARIE. — Où le trouve-t-on, ce mercure?

LA MAMAN. — Si on le trouvait à l'état natif, il serait presque impossible de l'extraire ; mais on le recueille en un minerai rouge, nommé *cinabre*, qu'on chauffe avec du fer et de la chaux pour délivrer le mercure qu'il contient. C'est en Autriche, au Pérou, en Espagne, que sont les mines de mercure les plus importantes. Et, comme les exhalaisons de ces mines sont mortelles, on n'emploie pour l'exploitation que des malheureux, déjà condamnés à mort, et qui succombent à ce travail au bout de deux années au plus.

CHARLES. — A quoi l'emploie-t-on, maman, ce métal si terrible ?

LA MAMAN. — On s'en sert pour donner aux miroirs leur poli et la propriété de réfléchir les objets ; on en fait des baromètres, des thermomètres...

CHARLES. — Qu'est-ce qu'un baromètre ?

LA MAMAN. — Un grand tube de verre, d'une longueur d'un mètre, que l'on remplit de mercure aux trois quarts. D'un bout, ce tube est fermé ; l'on plonge l'autre bout dans un réservoir de mercure. Et, suivant la hauteur de cette colonne de mercure, on calcule la pression de l'air sur la surface de ce réservoir.

MARIE. — L'air! est-ce que cela pèse quelque chose?

LA MAMAN. — Sans doute. Tiens, Charles, réponds à ceci. Tu remplis de mercure un tube fermé par un bout, et tu le renverses dans la cuvette de mercure, qu'arrivera-t-il?

CHARLES. — Tout le mercure s'en ira dans la cuvette, mon Dieu!

LA MAMAN. — Eh bien, non; il s'abaisse un peu, c'est vrai, mais il s'arrête à environ soixante-seize centimètres au-dessus du niveau du mercure dans la cuvette.

MARIE. — Pourquoi cela?

LA MAMAN — Parce que l'air pèse quelque chose, ma fille. L'air appuie sur la surface du mercure de la cuvette, et il empêche ainsi celui qui est dans le tube de descendre. C'est là le baromètre. Plus l'air pèse, plus le mercure est élevé dans le tube; moins l'air pèse, plus le mercure descend dans la cuvette.

CHARLES. — Veux-tu nous dire aussi ce qu'est le thermomètre?

LA MAMAN. — C'est encore un tube de verre, mais il est fermé des deux bouts, après qu'on y a introduit le mercure. Or, la chaleur, comme nous l'avons remarqué déjà, fait grossir les corps, quels qu'ils soient : le mercure, suivant qu'il fait chaud ou froid, occupant dans le tube plus ou moins de place, monte ou descend, et détermine ainsi de combien s'est élevée ou abaissée la température.

On rentra de cette promenade, bien heureux, comme toujours, des enseignements auxquels elle avait donné lieu ; et, comme toujours aussi, on y avait puisé une nouvelle ardeur pour le travail.

Travaillez toujours bien, chers enfants, dit la maman ; et, si, comme je l'espère, je suis contente, à bientôt les vendanges.

3e GRANDE PROMENADE.

§ I. — LE LINGE.

C'était sur la limite de la Champagne qu'habitait cette aimable dame dont la maman avait accepté l'invitation pour elle et pour Charles et Marie. Grand voyage ! Les deux enfants n'avaient pu dormir sérieusement la nuit qui précéda le départ, et ils étaient réveillés avant le coq, avec lequel ils eussent chanté volontiers s'ils n'eussent craint d'éveiller leur mère.

Enfin on put se lever, et en cinq minutes on fut prêt. Mais la maman prudente exigea qu'on prît son déjeuner le plus paisiblement possible ; ce en quoi elle eut fort raison, car les appétits triomphèrent à la fin de l'impatience. Et puis... et puis l'on partit.

Cette fois, Charles trouva que le chemin de fer n'allait pas assez vite, et pourtant la maman lui nommait chaque ville ou village devant lesquels le train passait à grande vitesse. Elle parlait ; mais les deux étourdis ne l'écoutaient guère.

Cependant Marie se trouva tout à coup distraite de ses pensées de vendange par de longues guirlandes de draps, blancs comme neige, suspendus dans les prés et resplendissant au grand soleil.

MARIE. — Quelle blancheur, maman ! Comment fait-on pour l'obtenir ?

CHARLES. — La belle malice ! on lave l'étoffe, voilà tout.

LA MAMAN. — Ce n'est pas si simple que tu le crois, Charles. Tu laverais, tu savonnerais toute la journée ton mouchoir sale, que tu n'arriverais jamais à lui donner cette blancheur-là, qui ne s'obtient qu'au moyen du lessivage. La lessive, outre qu'elle donne promptement son résultat, conduit réellement au blanchissage parfait.

MARIE. — Comment fait-on la lessive, maman ?

LA MAMAN. — Le blanchisseur étend les pièces de linge dans un grand cuvier plus large que long et percé d'un trou au fond. Quand ce cuvier est presque rempli de linge, il le couvre d'une toile, et sur la toile verse deux pouces de cendre environ. C'est à ce moment que commence le coulage de la lessive ; car la cendre contient la potasse dont il faudra pénétrer le linge.

Pour en arriver là, le blanchisseur verse sur la cendre de l'eau pure et tiède ; cette eau traverse le linge. Alors il la recueille par le trou du cuvier, la fait réchauffer et la répand de nouveau sur la cendre. Et cette opération se renouvelle huit ou dix fois ; l'eau doit être de plus en plus chaude, au point qu'elle est bouillante au dernier versement. On bouche alors le trou, on enclôt le cuvier, et le linge passe ainsi la nuit dans l'eau de lessive.

Le lendemain, on lave le linge à grande eau, et il est déjà propre et blanc ; mais il faudra encore le savonner en détail, pour qu'il devienne irréprochable.

MARIE. — Mais, Maman, comment se fait le savon dont se servent les blanchisseuses ?

LA MAMAN. — Le plus communément employé est le savon dit de Marseille, parce que cette ville en fabrique et en exporte des quantités considérables.

Voiçi la façon la plus ordinaire de le fabriquer. On prend de la soude qu'on mélange avec de la chaux vive, puis on fait dissoudre ce mélange dans de l'eau, ce qui donne un produit communément appelé lessive de soude caustique.

Dans une grande chaudière qui porte un tuyau d'écoulement à son fond, on fait bouillir cette lessive à laquelle on ajoute de l'huile d'olives de qualité inférieure. Quand le mélange est bien opéré, le savon vient nager à la surface du bain ; on cesse le feu ; on soutire la lessive par le tuyau du fond et on la remplace par une nouvelle lessive bien plus forte que la précédente ; on rallume le feu et on continue encore l'ébullition, jusqu'à ce que le savon soit bien transparent ; on le laisse ensuite sécher et on le coupe en briques.

Le savon de Marseille est un savon dur ; on fabrique aussi des savons mous tels que le savon noir ; on les obtient en mélangeant de la lessive de potasse avec de l'huile soit de colza soit de chènevis.

MARIE. — Voudrais-tu me dire comment on peut donner une bonne odeur aux savons que nous employons pour notre toilette ?

LA MAMAN. — La fabrication n'est plus la même ; elle se fait à froid en mélangeant des huiles d'amandes douces et amères, de noisettes ou de palme, le suif de mouton, etc, et la bonne odeur s'obtient en ajoutant des essences au mélange. Mais nous voilà bien loin du linge. Quand il sera bien lavé et bien blanc, il faudra repasser le linge fin au fer chaud, et l'ouvrière façonnera les plis, les bouffants, etc. ; elle donnera aux uns de la roideur au moyen d'une pâte nommée *empois*, aux autres, une teinte légèrement bleuâtre avec l'indigo.

CHARLES. — Mais comment fait-on pour laver les étoffes de couleur ? Il me semble que dans l'eau toutes ces jolies nuances doivent disparaître.

LA MAMAN. — Cela dépend de la qualité des couleurs et des moyens employés pour les fixer sur les étoffes.

Il y a deux méthodes bien différentes : la première consiste à donner à l'étoffe tout entière une teinte uniforme par l'emploi de couleurs que l'on fixe à l'aide de mordants, tels que le vitriol, l'alun, etc : c'est ce que fait le teinturier. Par la seconde méthode on ne colore que certaines parties du tissu au moyen d'une ou de plusieurs couleurs différentes, appliquées mécaniquement et disposées de façon à former des dessins réguliers : c'est ce que l'on appelle l'impression sur tissus.

Si les mordants ont été bien employés et sont de bonne qualité, l'étoffe peut subir sans danger l'épreuve du lavage et de la lessive.

CHARLES. — Maman, j'ai remarqué qu'on jetait le linge usé ; mais j'ai remarqué aussi que ce linge, tout sali, était ramassé par les chiffonniers. Qu'en peuvent-ils faire, je te prie ? Je n'osais te le demander et j'avais honte, me figurant que tout le monde le savait, excepté moi.

LA MAMAN. — N'aie jamais honte, enfant, de demander l'explication de ce que tu ne comprends pas. Car, d'abord tu continuerais à ignorer ce qu'il faut savoir, et puis tu serais un orgueilleux et tu passerais pour un ignorant. Eh bien, mon cher enfant, les vilains chiffons et les pauvres chiffonniers sont bien utiles : nous leur devons le papier.

MARIE. — Le papier blanc ? avec des chiffons tout sales ?

LA MAMAN. — Sans doute. Mais, bien entendu, on les lave, et on les lave beaucoup. La fabrication du papier a quatre opérations principales. La première, c'est le *lavage* du chiffon, qu'on fait avec le plus grand soin; la seconde est l'*effilochage*, qui déchire le chiffon, le broie, le met en pâte claire et sans grumeaux. On effiloche au moyen d'un rouleau hérissé de pointes d'acier qui tourne contre une plaque également hérissée de pointes. Quand la pâte est préparée, on passe à la troisième opération, la *formation des feuilles*. L'ouvrier étale des couches de pâte dans des cadres sur un tissu de fils de cuivre croisés; puis il les sèche et les presse entre des feutres.

Enfin on procède au *collage*, quand les feuilles sont sèches. C'est un enduit formé d'alun et de gélatine qu'on étend sur les feuilles, pour que le papier ne boive pas l'encre.

Et il reste encore bien des choses à faire. On met sous presse et l'on fait sécher les feuilles de nouveau; on les plie, on les dispose en rames; elles sont prêtes alors pour l'écriture ou pour l'imprimerie.

MARIE. — Oh ! maman, regarde donc ces wagons qui croisent notre train ; les longues planches dont ils sont chargés sont-elles minces ! comment fait-on pour scier ainsi des arbres ?

LA MAMAN. — De deux manières. Sur des tréteaux élevés on assujettit l'arbre dont préalablement on a enlevé l'écorce qui sert, vous vous le rappelez sans doute, à faire le tan ; un homme montre dessus, armé d'une longue scie que l'aide à faire mouvoir de bas en haut un autre homme placé en dessous de l'arbre : ce sont les scieurs de long ; mais ce moyen de procéder est fort long et n'est plus que très rarement employé, si ce n'est toutefois pour les bois de charpente. Avec des arbres ainsi fendus en deux, ou simplement équaris à coups de hache, on fait les charpentes des maisons et les échafaudages nécessaires à la construction. On établit maintenant des scieries à vapeur.

On assujettit sur une sorte de chariot qui s'avance au devant d'une scie mue avec force par la vapeur la pièce de bois que l'on veut débiter ; cette opération s'accomplit avec une rapidité extrême et elle a surtout l'avantage, étant faite mécaniquement, de débiter des planches avec une régularité et une exactidude que ne peuvent jamais atteindre les scieurs de long.

Mais c'est surtout à l'ébénisterie que le sciage par la vapeur rend d'incontestables services. Ces riches meubles en palissandre, en ébène, qui vous semblent si beaux, sont faits cependant en bois ordinaire, bois blanc le plus souvent, mais très soigneusement il est vrai. A l'aide de la scie mécanique, on a enlevé d'un morceau de palissandre des feuilles connues sous le nom de placage. On les applique alors sur la carcasse du meuble avec de la colle forte, on opère les raccords des jointures avec soin, on enduit cette surface de vernis, puis on la polit et sous ce frottement répété elle prend ce brillant que vous admirez tant.

CHARLES. — Quels sont les bois que l'on emploie le plus fréquemment pour les meubles?

LA MAMAN. — Pour les meubles ordinaires, le noyer que l'on trouve partout en Europe et l'acajou que l'on tire d'Amérique.

Pour les meubles d'un prix plus élevé, le palissandre, l'ébène, le citronnier, le thuya qui sont désignés généralement sous le nom de bois des Iles et qui proviennent tous des pays d'où nous tirons nos plantes exotiques.

On emploie aussi le chêne et le poirier pour fabriquer les meubles sculptés.

CHARLES. — Nous allons en vendange, maman, et nous n'avons encore rien dit du raisin.

LA MAMAN — Tu as raison... mais un instant. Entends-tu ce sifflet?... nous sommes arrivés.

§ II.— LA VENDANGE.

A la descente du wagon, la mère et les enfants furent abordés par un domestique : une voiture les attendait et devait les conduire à une lieue de là.

C'était l'occasion de reprendre les choses où elles avaient été laissées. On parla raisin et vendange.

LA MAMAN. — Savez-vous bien qu'il ne faut pas moins de cinq ans pour établir une vigne ; mais aussi elle dure longtemps et

rembourse largement le temps et la peine qu'elle a coûtés.

CHARLES.— Quel terrain convient le mieux à la vigne ?

LA MAMAN. — On choisit de préférence un terrain sec et léger: on le laboure, l'on attend l'hiver et l'on y plante des sarments qui prendront racine au printemps. Et, comme je vous le disais, ce n'est qu'après cinq ans d'efforts que la vigne commencera à rapporter. C'est en France qu'on lui donne les soins les mieux entendus; et notre pays cite avec orgueil ses vins de Champagne, de Bourgogne et de Bordeaux...

Marie et Charles s'étaient levés de bon matin, ils étaient partis de bonne heure, et cependant la vendange était déjà commencée quand ils arrivèrent. Toute la côte était couverte de travailleurs empressés, et les enfants brûlaient d'envie de se joindre à eux. Il fallut pourtant accepter l'offre hospitalière d'un bon déjeuner, et répondre à une foule de gracieusetés que Charles et Marie eussent données toutes pour une seule minute de liberté et de clef des champs.

Enfin c'est fini... les voilà partis!

C'est un beau jour, en effet, que l'ouver-

ture des vendanges dans un pays vignoble. Chacun entre en besogne au soleil levant, ciseaux ou serpette en main ; et l'on taille, et l'on coupe les grappes en chantant, en riant; et on les jette à la hotte, et on les porte aux tonnes rangées sur les chariots.

Charles et Marie coupaient, chantaient, riaient comme les autres vendangeurs ; et, toujours obéissants, ils grapillaient avec modération, mais ils grapillaient et ils étaient heureux.

La journée s'écoula au milieu de cette joie. Le soir, l'on s'en revint à la suite des voitures chargées de vendanges. Toutes les tonnes furent rangées avec soin auprès de deux immenses cuves, et l'on dit aux enfants que c'était là que se ferait le vin. Ils auraient bien voulu que ce fût tout de suite, puisqu'ils partaient le lendemain. Heureusement l'amie de la maman, qui les aimait et connaissait leur caractère, avait obtenu de son amie qu'on resterait au moins quelques jours.

Le lendemain, nos enfants assistèrent en effet à la fabrication en cuve et au foulage. Les tonneaux avaient été déchargés et le raisin s'éta t amassé dans les grandes cuves. Des hommes nus descendirent ou plutôt montèrent sur ces cuvées et ils se mirent à fouler des pieds et des mains.

Charles et Marie ne purent, je l'avoue, se défendre d'exprimer quelque dégoût de ce spectacle. Et un vieux paysan, vendangeur de la veille, entendit ce qu'ils disaient

LE VIEILLARD. — Eh ! mon petit monsieur! croyez-vous donc qu'on grimpe là-haut pour son plaisir? Ces gens qui foulent là le raisin si bravement, seront peut-être, dà, malades demain.

CHARLES. — Malades? Oh! j'espère bien que non... Mais, monsieur, que va t-on faire de ce jus qu'on amasse dans les cuves?

LE VIEILLARD. — Dès qu'on aura séparé ce jus des grains et des peaux, on le laissera reposer ; la pièce aux cuves s'échauffera, et alors, comme on dit, la fermentation commencera.

MARIE. — Cher monsieur, dites-moi, je vous prie, ce que c'est que la fermentation.

LE VIEILLARD. — C'est, ma petite demoiselle, le travail que le jus accomplit à lui seul pour devenir du vin doux d'abord, puis du vin. Et, suivant qu'il fait plus ou moins chaud, ce travail dure un jour ou deux. On entend pétiller, on voit se former à la surface du liquide des essaims de petites bulles d'air qui éclatent : la vendange bout. Dès qu'il ne se forme plus de bulles, le vin doux est fait.

CHARLES. — Est-ce bon à boire, monsieur, le vin doux ?

LE VIEILLARD. — Ah ! mais oui ! Seulement c'est une liqueur perfide. Toute douce, toute sucrée, elle paraît n'y pas toucher. Mais fiez-vous-y ! Elle grise tout de même à la troisième rasade, et quelquefois rend fort malade.

Par exemple, dès le lendemain, il n'y a plus ni vin doux ni sucre. Le tout est devenu du vrai, du bon vin nouveau, qu'on se hâte de mettre en fûts, et, après quelques jours de fermentation, d'enfermer en cave.

CHARLES. — Mais, monsieur, comment faites-vous le vin de champagne ?

LE VIEILLARD. — Nous n'allons plus toucher au vin jusqu'au quinze décembre; à cette époque, on prépare des futailles neuves qu'on a eu soin de bien soufrer pour les conserver et les empêcher de s'aigrir et dans lesquelles on soutire le vin : puis on le colle.

MARIE. — Que signifie ce mot, Monsieur?

LE VIEILLARD. — Quand le vin a été soutiré, il n'est pas clair ; pour le débarrasser de la lie qui le trouble, on prend soit de la colle de poisson délayée dans un peu de vin, soit du blanc d'œuf bien battu qu'on verse dans le tonneau par la bonde. On agite le vin au moyen d'un long bâton fendu que l'on introduit dans le tonneau et que l'on fait mouvoir rapidement.

Un mois se passe : on le soutire de nouveau. On y ajoute alors un mélange d'eau-de-vie, de sucre candi et de vin blanc, puis on le laisse reposer pendant un mois.

A cette époque on le colle et le mois suivant on procède à la mise en bouteilles ; on ficelle solidement les bouchons, puis on les couche sur des planches légèrement inclinées dans d'immenses caves spécialement destinées à cet usage.

C'est alors que se produit la fermentation; par suite de ce travail une grande quantité de bouteilles, trop faibles, se cassent, mais, rassurez-vous; le vin n'est pas perdu, car il coule le long du plan incliné et se rend dans des réservoirs qui sont ménagés de distance en distance.

Au bout d'un an a lieu l'opération la plus difficile: par suite de la fermentation, certaines matières étrangères se sont formées dans le vin et il faut l'en débarrasser. On doit déboucher la bouteille de laquelle la partie trouble est rapidement chassée par le gaz accumulé, remplacer par d'autre vin la quantité qui s'est écoulée et reboucher. Ceci fait, on ficelle fortement le bouchon, on le cachète et on le recouvre de papier d'étain. Quelques mois après, le vin est bon à boire.

Vous voyez, mes petits enfants, que ce vin que vous aimez coûte beaucoup de temps et d'argent à son propriétaire: c'est ce qui explique son prix toujours élevé.

CHARLES, MARIE. — Monsieur, nous vous remercions de votre complaisance.

LE VIEILLARD. — Il n'y a pas de quoi, mes enfants. Les vieux, voyez-vous, sont là pour instruire les jeunes. Mon expérience est à votre service.

CHRALES. — J'accepte, monsieur. Dites-moi, ne faites-vous pas ici d'autre boisson que le vin ?

LE VIEILLARD. — Nous faisons du cidre aussi et du poiré, et depuis quelque temps de la bière.

La bière se fabrique avec de l'orge qu'on laisse se gonfler et s'aigrir dans de l'eau. On la fait sécher alors, et au moulin elle donne une farine grossière qui s'appelle la *drèche.* Cette drèche, on la met dans de l'eau, on la brasse comme on brasse la farine de blé pour faire du pain ; et le liquide qui en résulte, on le fait bouillir avec du houblon. Mais, à ce point-là, la bière n'est encore qu'à demi-faite, elle est sucrée comme du vin doux. Il faut lui ôter son sucre. Pour cela on la fait fermenter au moyen d'écume conservée qu'on nomme *levure* et qu'on emploie aussi comme levain chez les boulangers.

CHARLES. — Tu te souviens, Marie, que maman nous en a déjà parlé.

MARIE. — Oui, oui, je m'en souviens.

LE VIEILLARD. — Dans les pays où croissent en abondance les poires et les pommes, on fait du cidre en broyant ces fruits, en les pressant comme le raisin. On laisse fermenter le jus qui en provient, et ce jus, c'est le cidre.

LA MAMAN. — Eh bien, où êtes-vous donc, enfants ? l'on vous cherche partout... Ah ! je comprends ; vous avez questionné ce brave homme, que je remercie de tout mon cœur d'avoir rempli auprès de vous aujourd'hui le rôle que vous me faites jouer les autres jours.

LE VIEILLARD. — On aime à voir, chère dame, des enfants curieux de s'instruire, et chacun doit les y encourager.

Permettez-moi, madame, de leur donner, avec la bénédiction d'un vieillard, un bon conseil que me dicte l'expérience :

« Mes enfants! travaillez, travaillez à faire » croître, à fortifier l'esprit et les talents que » le bon Dieu vous a donnés ; mais que la » science ne refroidisse jamais votre cœur. » Votre cœur, retenez-le bien, c'est la meil- » leure partie de vous-mêmes ! »

FIN.

TABLE DES MATIÈRES.

PREMIÈRE PARTIE.

QUAND IL FAIT BEAU.

1re PROMENADE.

LE PONT D'AUSTERLITZ.

§ Ier. Les Sources. 7
Les Rivières 8
Les Canaux. 9
Les Ecluses 10
§ II. Les Ponts 10
Les Piles. 11

2e PROMENADE.

LE MARCHÉ.

§ Ier. La Viande 13
Le Cheval. 14

L'Ane 16
L'Onagre. 17
Le Zèbre. 18
Le Bœuf 19
L'Abattoir. 19
Le Porc 20
Le Mouton 21
§ II. La Carpe. 22
Les Poissons de mer 24
Les Poissons de rivière. 25
La Pêche de la Baleine 26

8e PROMENADE.

LA CAMPAGNE.

§ Ier. La Charrue. 27
Les Semailles. 30
La Moisson. 31
Le Blé. 32
La Betterave. 33
Le Sucre. 34
Les Prairies artificielles. 34
§ II. Le Coq et les Poules. 35
Le Dindon 36
L'Oie. 36
Le Canard 36
Les Pigeons. 36

DEUXIÈME PARTIE.

QUAND IL PLEUT.

1re SOIRÉE.

LES VÊTEMENTS.

La Pelote de fil 40
Le Lin 40
Le Chanvre 41
Le Coton 42
La Laine 43
Le Ver à soie 43
La Soie 44
Les Chapeaux 45
Le Feutre 46
Le Cuir 47
La Tannerie 47

2e SOIRÉE.

LES ALIMENTS.

§ Ier. Le Moulin 49
La Farine 49
Le Boulanger 50
Les Puits 52
Les Puits artésiens 53
Le Sel 54
§ II. Le Lait 55
Le Beurre 56
Le Fromage 57
Le Gibier à plume 59
Le Gibier à poil 60

8e SOIRÉE.

LA VEILLÉE.

L'Allumette. 62
Les Forêts 64
Le Charbon de bois 66
La Houille 67
Le Coke 67
La Lampe 67
L'Huile à brûler. 68
L'Huile de pétrole 68
Les Chandelles 69
Les Bougies. 69
Les Abeilles. 70
Le Gaz. 75
Le Verre 75

TROISIÈME PARTIE.

QUAND ON A TOUTE SA JOURNÉE.

1re GRANDE PROMENADE.

§ Ier. Le Chemin de fer 77
La Vapeur 78
L'Electricité. 79
§ II. La Pierre. 81
La Chaux. 82
Le Béton. 82
La Brique 83
La Tuile 84
L'Ardoise. 84

2e GRANDE PROMENADE.

§ Ier. Les Cloches. 85
La Fonte 87
L'Acier. 87
Le Fer. 88
Le Cuivre. 88
L'Etain. 89
Le Zinc 89
Le Plomb. 90
§ II. L'Or. 90
L'Argent. 92
Le Mercure. 93
Le Baromètre. 94
Le Thermomètre. 95

3e GRANDE PROMENADE.

§ Ier. La Lessive 98
Le Savon. 99
Le Repassage 100
Les Etoffes de couleur 101
La Teinture. 101
Les Chiffons. 102
Le Papier. 102
La Scierie mécanique. 104
L'Ebénisterie 104
§ II. La Vigne. 106
La Vendange 107
Le Vin. 108
Le Vin de Champagne 109
La Bière 113
Le Cidre 113

LA COLLECTION DU

TRÉSOR DE L'ENFA[illegible]

[illegible] Cours d'Enseignement [illegible]

[illegible]

1° [illegible] premier Livre [illegible]

2° [illegible]

3° Le premier Livre [illegible]

4° Le premier Livre [illegible] rantes.

5° La première Histoire [illegible]

6° La Vie de Jésus-Christ [illegible]

7° La première Histoire [illegible]

8° La première Géographie [illegible]

9° Le premier Atlas, 17 [illegible]

10° La petite Géographie-Atlas [illegible]

11° La première Grammaire [illegible]

12° La première Arithmétique [illegible]

[illegible]

TRÉSOR D[illegible]

Nouveau Cours [illegible]
ou Dév[illegible]
du [illegible]

[illegible]

1° Le second L[illegible]

2° Le second Livre [illegible]

3° L'Histoire Sainte [illegible]

4° L'Histoire de [illegible]

5° Géographie générale des [illegible]

6° La Géographie-Atlas de [illegible]

7° L'Arithmétique-Problèmes [illegible]

8° La Grammaire française [illegible]

[illegible] COLLECTION [illegible]

LE DESSIN MIS À LA PORTÉE [illegible]

Par [illegible]

Méthode autorisée par S. Exc. le Ministre de l'Ins[illegible]
et adoptée par l'École spéciale de C[illegible]

1[illegible] — Paris, Imp. [illegible]

www.ingramcontent.com/pod-product-compliance
Ingram Content Group UK Ltd.
Pitfield, Milton Keynes, MK11 3LW, UK
UKHW021106220726
13924UKWH00004B/1535

9 782019 241087